강성태 66일 영어회화

캄성태 66일 영어회화 미니북

⚡ Pattern

I'm

- I'm John Carter.
- I'm glad / you came.
- I'm here / to return this book.
- I'm sorry / to disturb you.
- I'm sorry / to hear that.
- I'm sorry / about the delay.
- I'm sure / it'll be OK.
- I'm sure / we can win first prize.

나는 ~이다

- 저는 존 카터입니다.
- 나는 당신이 와서 기뻐요.
- 나는 이 책을 반납하러 왔어요.
- 당신을 방해해서 미안해요.
- 그것을 듣게 되어 유감이에요.
- 늦어서 미안해.
- 나는 괜찮을 거라고 확신해요.
- 나는 우리가 1등을 할 수 있을 거라고 확신해요.

💬 Dialogue

I'm sorry to disturb you

A: Excuse me. I'm sorry / to disturb you.

B: Yes? What is it?

A: I'm so confused / because this is my first trip / by rail. But you seem to be in my seat.

B: What do you mean, your seat?

A: Here is my ticket. It says Car 7, Seat 13A.

B: OK.... You're right, Seat 13A. But you are in the wrong place. This is Car 6, not 7.

방해해서 미안합니다

A : 실례합니다. 방해해서 미안합니다.

B : 네? 무슨 일인데요?

A : 기차로 처음 가는 여행이라 너무 헷갈리네요. 그런데 당신이 제 자리에 앉아 계신 것 같아요.

B : 무슨 의미시죠, 당신 자리라뇨?

A : 여기 제 티켓이 있어요. 7호차, 13A번 좌석이라고 쓰여 있어요.

B : 네…. 당신 말이 맞아요, 13A번 좌석. 하지만 당신은 잘못된 곳에 계세요. 여기는 7호가 아니라 6호 차예요.

⚡ Pattern

It's

그것은 ~이다

- It's nice / to meet you.
- It's very cold / and windy / today.
- It's very useful / for carrying small things.
- It's good / for your health.
- It's good / to see you / again.
- It's like teaching a fish / how to swim
- It's like a dream / meeting him.
- It's like watching a documentary.

- 만나서 반갑습니다.
- 오늘은 매우 춥고 바람이 불어요.
- 그것은 작은 물건들을 운반하는 데 매우 유용합니다.
- 그것은 당신의 건강에 좋습니다.
- 당신과 다시 만나게 되어 기쁩니다.
- 그것은 물고기에게 수영하는 법을 가르치는 것과 같습니다.
- 그를 만나는 것은 꿈만 같습니다.
- 마치 다큐멘터리를 보는 것 같아요.

⚙ Dialogue

It's nice to meet you.

만나서 반갑습니다

A : Hi, I'm Dorothy Myers. Have a seat, please.

B : Hi, I'm Arnold Jacobs. It's nice / to meet you.

A : Can I offer you anything / to drink?

B : No thanks. You were highly recommended / by one of my coworkers, Jack Anderson.

A : Thank you. I heard from Jack / that you might drop by.

A : 안녕하세요, 도로시 마이어스입니다. 앉으세요.

B : 안녕하세요, 아널드 제이콥스입니다. 만나서 반갑습니다.

A : 마실 것을 좀 드릴까요?

B : 괜찮습니다[사양하겠습니다]. 제 동료 중 한 명인 잭 앤더슨에게 당신은 적극 추천받았어요.

A : 감사합니다. 당신이 잠깐 들를지도 모른다고 잭에게 들었어요.

⚡ Pattern

Do you

- Do you think so?
- What do you think / about the applicant / we interviewed?
- Do you want a refund / or replacement?
- What do you want / to do / today?
- Do you have a particular model / in mind?
- Do you have a discount / for children?
- Do you have any plans / tonight?

너는 ~하니?

- 그렇게 생각하세요?
- 우리가 인터뷰했던 지원자에 관해 뭐라고 생각하세요?
- 당신은 환불을 원하십니까, 아니면 다른 물건을 원하십니까?
- 너는 오늘 무엇을 하기를 원하니?
- 생각해두신 특정한 모델이 있습니까?

- 어린이를 위한 할인이 있습니까?
- 오늘 밤에 무슨 계획이 있어요?

🗨 Dialogue

Do you have a minute?

A : Frank, do you have a minute?

B : Sure, what's up?

A : As You know, I'm writing an article / about the exhibition / that you held.

B : Yeah. I can't wait / to read it. Do you need any help / with it?

A : Well, I took some pictures / at the exhibition / to put / in the article, / but I deleted them / by mistake.

B : Don't worry. I have lots of pictures / at home.

시간 좀 있어요?

A : 프랭크, 시간 좀 있어요?

B : 네, 무슨 일이시죠?

A : 당신도 알다시피, 저는 당신이 개최한 전시회에 관한 기사를 쓰고 있어요.

B : 네. 그것을 읽는 것을 기다릴 수가 없어요. 당신은 그것과 관련해 도움이 필요하세요?

A : 글쎄요, 기사에 넣으려고 전시회에서 사진을 몇 장 찍었는데, 실수로 그것들을 지웠어요.

B : 걱정하지 마세요. 제가 집에 많은 사진을 가지고 있어요.

⚡ Pattern

I'll

나는 ~할 것이다

- I'll take a photo / of you / with it.
- I'll take the subway.
- I'll have two medium coffees.
- I'll have / one of our technicians / call you.
- I'll go buy some snacks / and beverages.
- I'll go out / for a walk / now.
- I'll go to / the bookstore / right away.

- 내가 이걸로 너의 사진을 찍어줄게.
- 나는 지하철을 탈게.
- 저는 중간 크기의 커피 두 잔으로 하겠습니다.
- 저희 기술자 중 한 명에게 당신에게 전화를 드리라고 하라고 하겠습니다.
- 나는 간식과 음료수를 사러 갈 거야.
- 나는 지금 산책하러 나갈 거야.
- 제가 지금 바로 서점으로 가겠습니다.

🗣 Dialogue

I'll take two pieces

두 조각을 사겠습니다

A : May I help you?

B : That cheesecake looks delicious! How much is it?

A : It's 30 dollars / for the whole cake / or 5 dollars / per slice.

B : Okay. I'll take two pieces.

A : All right. Would you like anything / to drink?

B : Yes, I'll have two medium coffees.

A : 도와드릴까요?

B : 저 치즈 케이크가 맛있어 보이네요! 얼마죠?

A : 전체 케이크에 30달러이거나 한 조각에 5달러입니다.

B : 좋습니다. 두 조각을 사겠습니다.

A : 알겠습니다. 마실 것으로 뭘 좀 드릴까요?

B : 네, 미디엄 커피 두 잔 부탁합니다.

5

⚡ Pattern

| That's | 그것은 ~이다 |

- That's a good idea.
- That's true.
- That's too bad.
- That's what friends are for.
- That's what I mean.
- That's why I'm calling you.
- That's why I wanted / to see you.
- That's why you look tired.

- 좋은 생각이에요.
- 그게 맞아. (사실이야.)
- 그거 안됐군요.
- 친구 좋다는 게 뭐야?
- 내 말이! (내 말이 바로 그거예요.)
- 그래서 내가 너에게 전화한 거야.
- 그래서 내가 너를 보기를 원했던 거야.
- 그래서 네가 피곤해 보인 거구나.

🗨 Dialogue

| That's exactly what I'm saying! | 내 말이 바로 그거예요! |

A : There's tons of information / about hotels / online.

B : That's exactly what I'm saying!

A : Then, how about buying a travel guidebook?

B : That's a good idea. I'll go / to the bookstore / right away.

A : I recommend buying one / written by the locals.

B : Okay, thanks.

A : 온라인에는 여러 호텔에 대한 수많은(엄청나게 많은) 정보가 있어요.

B : 내 말이 바로 그거예요!

A : 그렇다면 여행 안내서를 사는 건 어떨까요?

B : 좋은 생각이에요. 지금 바로 서점으로 가볼게요.

A : 현지인들에 의해 쓰인 것으로 하나 사기를 추천해요.

B : 네, 고마워요.

⚡ Pattern

Are you

너는 ~이니?

- How are you?
- Are you serious?
- Are you sure / you called the right number?
- Are you ready / for dinner?
- Are you ready / to play?
- When are you available?
- Are you available / next Friday?

- 안녕? (너 어떠니? 어떻게 지내니?)
- 진심이에요?
- 전화를 제대로 거신 게 확실해요?

- 저녁 먹을 준비 됐니?
- 놀 준비 됐니?
- 언제 가능하신가요?
- 다음 주 금요일에 가능하신가요?

🌀 Dialogue

Are you ready for interview?

면접 볼 준비 됐니?

A : Debbie, are you ready / for your interview next week?

B : I'm not sure. This is my first job interview, so I'm pretty nervous.

A : Don't worry. You'll do fine. You're a great speaker.

B : Do you think so?

A : Of course. So, have you practiced / answering any interview questions?

B : Yeah, just some common ones.

A : 데비, 다음 주에 면접 볼 준비 됐니?

B : 확실하지 않아요. 이건 제 첫 번째 취업 면접이에요. 그래서 나는 상당히 긴장돼요.

A : 걱정하지 마. 넌 잘할 거야. 넌 말을 굉장히 잘하는 사람이잖아.

B : 그렇게 생각하세요?

A : 물론이야. 그래서 인터뷰 질문들에 대답하는 것을 연습해봤니?

B : 네, 그냥 흔한 것들요.

7

⚡ Pattern

You're

- You're right.
- You're a great speaker.
- You're going on air / in 30 minutes.
- You're going to be cast / for the lead role / in that new drama.
- You're doing a great job.
- While you're doing that / I'll order the banners.

너는 ~이다

- 당신이 맞아요.
- 넌 말을 굉장히 잘하는 사람이잖아.
- 당신은 30분 뒤에 생방송에 들어갑니다.
- 당신은 그 새 드라마에 주연으로 캐스팅될 거예요.
- 넌 잘하고 있어.
- 네가 그걸 하는 동안 내가 현수막을 주문할게.

💬 Dialogue

You're right

A : Our company has finally decided / to allow employees / to work from home.

B : Oh, that's really good news.

A : I know. I'm so happy / because I can cut out all the time / I spend commuting.

B : Great! You're always stressed out / by your commute.

A : You're right. And I can also put more energy / into my actual work.

당신이 맞아요.

A : 우리 회사는 드디어 직원들에게 재택근무를 허용하기로 결정했어요.

B : 오, 정말 좋은 소식이네요.

A : 맞아요. 내가 통근하며 보내는 그 모든 시간을 줄일 수 있어서 너무 행복해요.

B : 잘됐네요! 당신은 출퇴근 때문에 항상 스트레스를 많이 받았어요.

A : 당신이 맞아요. 그리고 제 실제 업무에 더 많은 에너지를 쏟을 수도 있어요.

⚡ Pattern

I think/guess

나는 ~라고 생각한다

- I think so.
- I think my computer's going crazy!
- I think I can be there / if it's not Monday.
- I thought you had to attend a conference.
- I thought there was some pizza / in the refrigerator.
- I guess so.
- I guess about 15 people will show up.

- 그런 것 같아요.
- 내 컴퓨터가 미쳐가는 것 같아요!
- 월요일이 아니면 갈 수 있을 것 같아요.
- 나는 당신이 회의에 참석해야 한다고 생각했어요.
- 나는 냉장고에 피자가 좀 있는 줄 알았어요.
- 그런 것 같아요.
- 대략 15명 정도 올 것 같아요.

💬 Dialogue

I think he has a sliver of glass

그가 작은 유리 조각을 갖고 있는 것 같아요

A : There is something wrong / with my dog's paw.

B : Let me take a look. Which one?

A : The front right one.

B : I can see it hurts. He's licking it.

A : I thought maybe it would get better / on its own.

B : Can you hold him / while I take a look? I think he has a sliver / of glass / in his paw.

A : 제 강아지의 발에 뭔가 문제가 있어요.

B : 어디 봐요. 어느 쪽이요?

A : 오른쪽 앞쪽이요.

B : 그것을 아파하는 게 보여요. 핥고 있네요.

A : 그것이 저절로 나아질 줄 알았어요(생각했어요).

B : 제가 살펴보는 동안 당신이 안고(잡고) 있어 주시겠어요? 그의 발에 작은 유리 조각이 있는 것 같아요.

❷ Pattern

I have	나는 가지고 있다

- I have an idea.
- I have something important / to tell you.
- I have no idea.
- I have no plans.
- I have to use this / tomorrow / for PE(physical education class).
- All I have to do / is tighten the nut.
- I have to work late.

- 내게 생각이 있어요.
- 당신에게 말해줄 중요한 것이 있어요.

- 나는 전혀 모르겠어요.
- 나는 아무 계획도 없어요.
- 나는 내일 체육 시간에 이걸 써야 해.

- 내가 해야 할 일은 너트를 조이는 게 다야.
- 나는 늦게까지 일해야 해.

❷ Dialogue

I have something important to tell you	당신에게 말해줄 중요한 것이 있어요

A : How was the board meeting?

B : It was productive. Sally, I have something important / to tell you.

A : Really? What is it?

B : The board wants you / to present your business proposal / at the meeting / next week.

A : Really? I didn't know they were interested / in my proposal.

A : 이사 회의는 어땠어요?

B : 유익했어요. 샐리, 당신에게 말해줄 중요한 것이 있어요.

A : 그래요? 뭔데요?

B : 이사진은 당신에게 다음 주 회의에서 당신의 사업 제안서를 발표해주기를 원해요.

A : 정말요? 난 그들이 내 제안에 관심이 있는지 몰랐어요.

⚡ Pattern

Let's   우리 ~하자

- Let's go back / to that little bookstore.   · 저 작은 서점으로 돌아가자.
- Let's go for lunch.   · 점심 먹으러 가자.
- Let's go with that model.   · 그 모델로 하죠.
- Let's take a look / at the flight schedule.   · 비행기 시간표를 보자.
- Let's take a break / then.   · 그럼 잠깐 쉬었다 하죠.
- Let's take a class / together.   · 우리 같이 수업 듣자.
- Let's get it.   · 그걸 사자[시작하자].
- Let's get some Chinese food.   · 중국 음식 좀 먹죠.

☯ Dialogue

Let's go there   거기로 가시죠

A : Which airport should we fly to?

B : JFK is closer / to the company / we're visiting.

A : Oh, you're right. Let's go there.

B : Then we have two options: / nonstop or one stop.

A : I don't want to spend hours / waiting for a connecting flight.

B : Same here. We should choose the nonstop flight.

A : 우리는 어느 공항까지 비행기로 가야 합니까?

B : 존에프케네디 국제공항이 우리가 방문하려는 회사에서 더 가깝습니다.

A : 오, 당신이 맞아요. 거기로 가시죠.

B : 그렇다면 직항 또는 경유의 두 가지 옵션이 있습니다.

A : 나는 비행기를 갈아타기 위해 기다리면서 몇 시간씩 보내고 싶지는 않아요.

B : 저도 그래요. 우리는 직항 항공편을 선택해야겠네요.

Review Day 22

⚡ Pattern

I don't	나는 ~하지 않는다

- I don't want ice cream.
- I don't want to bother you.
- I don't think a walking tour is a good idea.
- I don't think so.
- I don't think that's possible.
- I don't know.
- I don't know / what to say.
- I don't know / how to get over this.

- 아이스크림 안 먹을래.
- 귀찮게 해드리고 싶지 않아요.
- 도보 관광은 좋은 생각이 아닌 것 같아.

- 난 그렇게 생각 안 해.
- 난 그게 가능할 것 같지 않아.
- 몰라.
- 무슨 말을 해야 할지 모르겠습니다.
- 이걸 어떻게 극복해야 할지 모르겠어요.

⚡ Dialogue

I don't think a walking tour is a good idea	도보 관광은 좋은 생각이 아닌 것 같아

A : What do you want to do / today?

B : Why don't we take a walking tour downtown? I heard it's a must-do.

A : I don't think a walking tour is a good idea.

B : Why not?

A : It's very cold / and windy / today. We might catch a cold / if we walk outside too long.

A : 오늘 무엇을 하길 원하니?

B : 시내 도보 관광을 하는 것이 어때요? 꼭 해봐야 한다는 말을 들었어요.

A : 도보 관광은 좋은 생각이 아닌 것 같아. (좋은 아이디어라고 생각하지 않아.)

B : 왜 아니죠?

A : 오늘은 아주 춥고 바람이 불어. 만일 밖에서 너무 오래 걷게 되면 우린 감기에 걸릴지도 몰라.

⚡ Pattern

| I've + 과거분사 | 나는 ~했다(완료, 경험) |

- I think I've seen it / before.
- I've got your point. (I get your point.)
- I've heard a lot / about you.
- I've never even heard of it.
- I've never seen you / before / on the subway.

- I've already finished it.
- I've already made dinner.
- I've already been there.

- 전에 본 적이 있는 것 같아요.
- 무슨 말인지 알았어.
- 나는 당신에 관해 많이 들었습니다.
- 들어본 적도 없습니다.
- 나는 전에는 지하철에서 당신을 본 적이 없어요.

- 이미 다 끝냈어요.
- 나는 이미 저녁을 만들었어요.
- 거기 벌써 가봤어요.

🌐 Dialogue

| I've never seen you before | 전에는 당신을 본 적이 없어요 |

A : I've never seen you / before / on the subway.

B : I started taking the subway / just a few days ago.

A : Really? I thought you drive to work. Is your car broken?

B : No, it's not. It's in my garage, / safe and sound.

A : Then do you have any special reason / for taking the subway?

B : It's become pretty expensive / to drive / to work / recently.

A : 전에는 지하철에서 당신을 본 적이 없어요.

B : 며칠 전부터 지하철을 타기 시작했어요.

A : 정말요? 나는 당신이 차로 출근한다고 생각했어요. 차가 고장 났어요?

B : 아니요. 제 차고 안에 안전하고 깨끗하게 있어요.

A : 그럼 당신은 지하철을 타는 데 특별한 이유가 있나요?

B : 최근에는 회사까지 운전해서 가는 것이 꽤 비싸졌어요.

⚡ Pattern

I'd

나는 ~할 것 같다

- I'd be happy / to help you.
- I'd prefer one / with a zipper.
- I'd like Korean food.
- I'd love the checkered one.
- I'd like to send this / to our office downtown.
- I'd like to relax / on a beach.
- I'd love to have that job.

- 나는 당신을 도와주면 기쁠 거예요.
- 나는 지퍼가 달린 것을 더 선호할 거예요.
- 한식을 먹고 싶어요.
- 체크무늬가 있는 걸로 주세요.
- 나는 이것을 시내에 있는 우리 사무실로 보내고 싶습니다.
- 나는 해변에서 쉬고 싶어요.
- 나는 그 직업을 갖고 싶어요.

🗨 Dialogue

I'd like to send this to our office

이것을 저희 사무실로 보내고 싶습니다

A : I'd like to send this / to our office downtown. How long will it take to get there?

B : About five hours.

A : Five hours? Is there any way / to get it there faster?

B : Yes, we can deliver it / within two hours / for an extra charge.

A : How much will that cost?

B : Thirty dollars. But it can be more / depending on the type / of packaging.

A : 이것을 시내에 있는 저희 사무실로 보내고 싶습니다. 그것을 거기에 보내는 데 얼마나 걸릴까요?

B : 5시간 정도 걸릴 것 같아요.

A : 5시간요? 그것을 더 빨리 거기에 보내는 어떤 방법이 있나요?

B : 네, 추가 요금으로 두 시간 안에 배달해드릴 수 있습니다.

A : 그건 비용이 얼마 정도 들까요?

B : 30달러입니다. 하지만 포장의 종류에 따라 더 들 수 있습니다.

⚡ Pattern

I'm -ing   나는 ~하는 중이다

- I'm thinking of picking up some take-out. · 테이크아웃을 해갈까 생각 중이에요.
- I'm thinking about buying one / of   · 이 휴대용 스피커들 중에서 하나를 살까 해요.
  these portable speakers.
- I'm calling to invite you / to a special event. · 특별한 행사에 초대하려고 전화드렸습니다.
- I'm calling about renting an   · 아파트 임대 때문에 전화드렸습니다.
  apartment.
- I'm looking for a blanket / to go with   · 나의 매트리스 커버와 어울리는 담요를 찾고 있어요.
  my mattress cover.
- I'm looking at this price comparison site.   · 이 가격 비교 사이트를 보고 있어요.

⚓ Dialogue

I'm thinking of buying this one   나는 이것을 구매하려고 생각 중이에요

A : Hi. Can I get some help / over   A : 안녕하세요. 여기 좀 도와주실 수 있나요?
    here?

B : Sure. What can I help you with?   B : 물론이죠. 무엇을 도와드릴까요?

A : I'm thinking of buying this washing   A : 이 세탁기를 구매하려고 생각 중이에요.
    machine.

B : Good choice. It's our best-selling   B : 잘 선택하셨어요. 이것은 저희의 최다 판매
    model.   모델입니다.

A : I really like its design / and it has a   A : 디자인이 정말 마음에 들어요, 그리고 유용한
    lot of useful features. I'll take it.   기능이 많네요. 이걸 살게요.

B : Great. However, you'll have to wait   B : 좋습니다. 하지만 2주 동안 기다리셔야 할 거
    / for two weeks. We're out of this   예요. 이 모델은 지금 품절이에요.
    model / right now.

⚡ Pattern

You can

너는 ~할 수 있다

- You can get the discount / for both tickets / with your card.
- You can get one free ticket.
- You can use the delivery service.
- You can use my phone / if you want to.
- You can use a dictionary / for this exam.
- You can see it here / on the screen.
- You can see how it works.

- 당신은 두 장 모두 당신 카드로 할인을 받을 수 있어요.
- 무료 티켓 한 장을 얻을 수 있습니다.
- 배달 서비스를 이용하실 수 있습니다.
- 네가 원한다면 내 전화를 써도 돼.
- 이 시험은 사전을 사용할 수 있습니다.

- 여기 화면에서 보실 수 있습니다.
- 어떻게 작동하는지 알 수 있습니다.

🔊 Dialogue

You can get the discount

당신은 할인을 받을 수 있어요

A : Hi, are tickets for the opera still available?

B : Yes, we have some, / but near the back.

A : That's okay. How much are they?

B : They're $50 each / for adults / and $35 each / for children.

A : I'll take two adult tickets please. I have a membership card. I get 20% off / with it, / don't I?

B : Yes you do. You can get the discount / for both tickets / with your card.

A : 안녕하세요, 아직도 오페라 표를 구입할 수 있나요?

B : 네, 몇 장 있습니다만, 뒤쪽 자리인데요.

A : 괜찮아요. 표가 얼마지요?

B : 성인은 한 장에 50달러이고 어린이는 한 장에 35달러예요.

A : 성인용 표로 2장 주세요. 저는 회원 카드가 있습니다. 그것으로 20% 할인이 되지요, 그렇죠?

B : 네, 그래요. 당신 카드로 두 장 모두 할인을 받을 수 있어요.

⚡ Pattern

Did you

~했니?

- Did you get some ice cream / from there?

- 거기서 아이스크림 좀 샀니?

- When did you get home?

- 언제 집에 왔니?

- What did you do / last Saturday?

- 지난주 토요일에 뭐 했니?

- How did you do / on your test?

- 시험은 어떻게 봤니?

- Did you hear that / Seaside Hotel in Jeju is looking for a head chef?

- 제주에 있는 시사이드 호텔에서 주방장을 찾고 있다는 소식 들었어요?

- Did you hear anything / from the director?

- 감독님한테서 뭐 들은 거 없어요?

🔋 Dialogue

Did you hear that?

소식 들었어요?

A : Did you hear that / Seaside Hotel in Jeju is looking for a head chef?

A : 제주에 있는 시사이드 호텔에서 주방장을 찾고 있다는 소식 들었어요?

B : No I didn't. But I'd love to have that job. Tell me about the position.

B : 아니요. 그런데 난 그 일을 정말 하고 싶어요. 그 일자리에 관해 말해줘요.

A : Well, you need to start / from next week, / and you have to live / in a dormitory.

A : 음, 다음 주부터 일을 시작해야 하고 기숙사에서 생활해야 해요.

B : Okay. I can do that. What kind of work experience is required?

B : 좋아요. 할 수 있어요. 어떤 종류의 경력이 필요해요?

A : At least 5 years / as a chef / at a hotel.

A : 호텔에서 주방장으로서 최소 5년이요.

B : I've got that.

B : 그 경력은 있어요

⚡ Pattern

What's	~은 무엇이니?
• What's the name / of the hair salon?	• 그 미용실의 이름이 뭐예요?
• What's up?	• 어떻게 지내세요?
• What's the movie about?	• 그 영화는 무슨 내용이에요?
• What's that?	• 그게 뭔데요?
• What's that / you're reading?	• 네가 읽고 있는 그게 뭐야?
• What's the matter?	• 무슨 일 있니?
• What's the matter / with your car?	• 당신 차에 무슨 문제가 있어요?

⚜ Dialogue

What's the matter?	무슨 일 있니?
A : You look so puzzled, David. What's the matter?	A : 데이비드, 너 곤혹스러워 보인다. 무슨 일 있니?
B : I got this present / from my friend / yesterday, / but all the instructions are written in Chinese.	B : 어제 내 친구에게서 이 선물을 받았는데, 모든 설명이 중국어로 쓰여 있어.
A : So you don't know / how to use it?	A : 그러면 너는 그것을 어떻게 사용하는지 모르겠구나.
B : I don't even know what it is.	B : 나는 그게 뭔지조차 모르겠어!
A : Why don't you ask your friend?	A : 네 친구에게 물어보는 건 어때?
B : I can't get in touch / with him.	B : 그와 연락이 되질 않아.

⚡ Pattern

How/What about   ~는 어때?

- How about you?
- How about Korean food instead?
- How about buying a travel guide?
- How about getting something / to eat?
- How about buying a new coffee maker / for the office?
- What about this one?
- What about June 4th?

- 너는 어때?
- 대신 한국 음식은 어때요?
- 여행 안내서를 사는 건 어때?
- 먹을 것을 좀 얻는 게 어때요?
- 사무실용으로 새 커피 메이커를 사는 게 어때요?
- 이거 어때요?
- 6월 4일은 어때?

🗨 Dialogue

How about buying a new coffee maker?   새 커피 메이커를 사는 게 어때요?

A: Tom, look at this flyer. Home appliances are on sale / this week.

B: Hmm. How about buying a new coffee maker / for the office? Ours is too old and breaks down often.

A: Do you have a particular model / in mind?

B: Well, I'd like one / with a built-in grinder / so that our coffee tastes fresh.

A: But we already have a grinder.

B: Oh, right. Then let's choose one / without a grinder, / but with a cup warmer.

A: 톰, 이 광고 전단을 보세요. 이번 주에 가전제품들을 할인 판매하네요.

B: 음. 사무실용으로 새 커피 메이커를 사는 게 어때요? 우리 것이 너무 오래되어서 자주 작동이 안 되네요.

A: 생각해두신 특정한 모델이 있으세요?

B: 음, 저는 분쇄기가 내장되어 있어서 커피 맛이 신선한 것이 좋아요.

A: 그런데 우리는 이미 분쇄기가 있잖아요.

B: 아, 맞네요. 그러면 분쇄기는 없지만 보온기가 있는 것을 고릅시다.

⚡ Pattern

I see/know

- I see.
- I see your point.
- I know that / the company is well known / for advertising.
- I see / what you mean.
- I see / why he is so famous.
- I know / how much you love Chinese food.
- I know / what you mean.

알겠어요/알아요

- 그렇구나 / 알겠어요.
- 무슨 말씀인지 알겠어요.
- 나는 그 회사가 광고로 잘 알려져 있는 것을 알아요.
- 무슨 뜻인지를 알겠어요.
- 그가 왜 그렇게 유명한지를 알겠어요.
- 당신이 중국 음식을 얼마나 좋아하는지를 압니다.
- 무슨 뜻인지를 알아요.

💬 Dialogue

I see what you mean

A : You should choose a more level-appropriate English book. You'll be able to read faster.

B : That makes sense. But I thought I would learn English better / if I read difficult things.

A : Well, when learners read English books / that are too hard, / they get exhausted and easily give up studying.

B : I see what you mean.

A : Reading at an appropriate level / is more enjoyable / and motivates learners / to keep going.

무슨 말씀인지 알겠습니다

A : 넌 보다 더 수준에 맞는 영어책을 골라야 할 것 같구나. 더 빨리 읽을 수 있을 거야.

B : 그 말씀이 일리 있네요. 하지만 저는 제가 어려운 것들을 읽으면 영어를 더 잘 배우게 될 것이라고 생각했어요.

A : 음, 학습자들이 너무 어려운 영어책을 읽을 때는 지쳐서 쉽게 공부를 포기하게 되지.

B : 무슨 말씀인지 알겠습니다.

A : 적절한 수준에서 읽는 것이 보다 더 즐겁고, 학습자들에게 계속 하도록 동기를 부여해준단다.

⚡ Pattern

I can

- Is there anything else / I can help you with?
- I can help you prepare.
- I can do that.
- Is there anything / I can do / for you?
- I can do it / right away / on my laptop.
- I can get this done.
- I can get one / from the office.
- I can get one.

나는 ~할 수 있다

- 내가 너를 도울 수 있는 뭐 다른 건 없니?
- 내가 네가 준비하도록 도와줄 수 있어.
- 난 할 수 있어.
- 당신을 위해 제가 해드릴 수 있는 어떤 게 있나요?
- 저는 제 노트북을 써서 바로 그것을 할 수 있습니다.
- 나는 이 일을 해낼 수 있어.
- 사무실에서 하나 구할 수 있어요.
- 하나 얻을 수 있어.

💬 Dialogue

I can do it

A : There's a water leak / under the sink.

B : Let me see.... I think the nut on the pipe is loose.

A : Do you think / we can fix it / or do we need to call a plumber?

B : I can do it. All I have to do is tighten the nut / with a wrench.

A : Wait. I lent our wrench to Susan / the other day. She hasn't returned it / yet.

내가 할 수 있어요

A : 싱크대 밑에 누수가 있어요.

B : 어디 보자…. 파이프의 너트가 느슨해진 것 같아요.

A : 고칠 수 있을까요(있다고 생각하나요), 아니면 배관공을 불러야 할까요?

B : 내가 할 수 있어요. (제가 해야 하는 일의 전부는) 렌치로 너트를 조이기만 하면 돼요.

A : 잠깐, 저번에 수전에게 렌치를 빌려줬어요. 그녀가 아직 그것을 돌려주지 않았어요.

⚡ Pattern

Are you -ing	너는 ~하고 있니?

- Are you sitting / with anyone?
- Are you working late / again?
- Are you kidding me?
- What are you doing?
- Why are you doing this / in the morning?
- Where are you going?
- What are you going to do / with them?

- 너는 누구와 함께 앉아 있니?
- 당신은 또 늦게까지 일하세요?
- 나한테 농담하는 거지?
- 뭐 하고 있어?
- 아침에 왜 이걸 하고 있어요?

- 너 어디가?
- 당신은 그것들로 무엇을 하실 건가요?

⚡ Dialogue

What are you going to do?	무엇을 하실 건가요?

A : Mr. Parker, what are you doing?

B : Hi Ms. Brown. I'm looking through some pamphlets / from the zoo.

A : Wow! That's a lot of pamphlets. What are you going to do / with them?

B : I'm making some reading material / for our field trip / to the zoo.

A : Good idea! That'll make students more excited.

A : 파커 씨, 뭐하고 계세요?

B : 안녕하세요, 브라운 씨. 동물원에서 가져온 몇 가지 팸플릿을 훑어보고 있어요.

A : 와! 팸플릿이 정말 많네요. 그것들로 무엇을 하실 건가요?

B : 동물원 현장학습을 위한 읽기 자료를 좀 만들고 있어요.

A : 좋은 생각이에요! 그건 학생들을 더 신나게 할 거예요.

⚡ Pattern

Can I

내가 ~할 수 있을까?

- What can I help you with?
- Can I help you?
- How can I help you?
- Can I use your bathroom?
- Can I use your phone?
- Can I use this 10% discount coupon?
- Can I ask you / a favor?
- Can I ask you / something?

- 무엇을 도와드릴까요?
- 제가 좀 도와드릴까요?
- 어떻게 도와드릴까요?
- 화장실을 써도 될까요?
- 당신의 전화를 써도 될까요?
- 이 10% 할인 쿠폰을 사용할 수 있을까요?
- 부탁 하나 해도 될까요?
- 뭐 좀 물어봐도 될까요?

⚭ Dialogue

Can I ask you a couple of questions?

몇 가지 질문을 드려도 될까요?

A : Excuse me, but can I ask you a couple of questions / for this survey?

B : Okay.

A : First, how often do you exercise: A: 'never', B: 'hardly ever', C: 'sometimes' or D: 'often'?

B : Well, I try to stay healthy, so my answer is D.

A : Okay. Second question. How often do you eat fast food: A: 'never', B: 'hardly ever', C: 'sometimes' or D: 'often'?

B : I guess the answer would have to be C.

A : 실례지만, 이 설문 조사를 위해 몇 가지 질문을 드려도 될까요?

B : 좋아요.

A : 첫 번째, 얼마나 자주 운동하세요? A: '전혀 안 한다' B: '거의 안 한다' C: '가끔 한 다' 또는 D: '자주 한다.'

B : 음, 저는 건강을 유지하려고 노력하니까 제 답은 D입니다.

A : 네. 두 번째 질문입니다. 패스트푸드를 얼마나 자주 드세요? A: '전혀 안 먹는다' B: '거의 안 먹는다' C: '가 끔 먹는다' 또는 D: '자주 먹는다.'

B : 제 대답은 C가 되어야 할 것 같아요

⚡ Pattern

Is it	그것은 ~이니?

- What is it?
- Is it today?
- Is it yours?
- Is it because midterm exams are coming up?
- Is it because of the size?
- Is it possible / to stay one more night?
- Is it possible / to accomplish that many goals?

- 그게 뭔데요?
- 오늘인가요?
- 그것은 당신의 것인가요?
- 중간고사가 다가와서 그런가?

- 크기 때문인가요?
- 하룻밤을 더 묵는 것이 가능할까요?

- 그렇게 많은 목표를 이루는 것을 할 수 있을까?

⚡ Dialogue

What is it?	그게 뭔데요?

A : Hello?

B : Hey, it's me, honey. I have good news.

A : What is it?

B : I don't have to go on / a business trip / this weekend.

A : Oh, really? That's terrific! Then we can take the trip / we planned, right?

B : Sure.

A : 여보세요?

B : 여보, 나예요. 좋은 소식이 있어요.

A : 그게 뭔데요?

B : 이번 주말에 출장을 갈 필요가 없어요.

A : 아, 정말요? 그거 아주 잘됐네요! 그럼 우리가 계획한 대로 여행을 갈 수 있네요, 그렇죠?

B : 물론이죠.

⚡ Pattern

Don't + 동사

~하지 마

- Don't worry / about homework assignments.
- 숙제에 관해서는 걱정하지 마.

- Don't worry / about it.
- 그것에 관해서는 걱정 말아요.

- Don't be so hard / on yourself.
- 너무 자책하지 마세요.

- Don't be afraid.
- 두려워하지 마세요.

- Don't be disappointed.
- 실망하지 마세요.

- Don't forget / to take your ID card.
- 신분증을 챙기는 것을 잊지 마세요.

- Don't forget / to lock the car.
- 차 문 잠그는 것을 잊지 마세요.

- Don't forget / the team dinner / at 7 o'clock.
- 7시에 있는 팀 회식을 잊지 마세요.

🎧 Dialogue

Don't worry about assignments

숙제에 관해서는 걱정하지 마세요

A : I have food poisoning.

A : 제가 식중독에 걸렸어요.

B : I'm sorry / to hear that. Have you seen a doctor?

B : 그 소식을 들으니 정말 안됐군요. 병원에 가봤어요?

A : Yes I have. I'm getting better / now.

A : 네, 그랬어요. 이제 나아지고 있어요.

B : Well, that's good, / but you should still take it easy.

B : 음, 다행이네요. 그래도 여전히 몸조심해야 해요.

A : Okay. By the way, were there any assignments / in class today?

A : 알았어요. 그런데 오늘 수업에서 숙제가 있었나요?

B : Don't worry / about homework assignments.

B : 숙제에 관해서는 걱정하지 마세요.

25

⚡ Pattern

Let me	내가 ~할게

- Let me see.
- Let me see / if I can.
- Let me see / what's available.
- Let me check / your file.
- Let me check / the map.
- Let me check / if he's available.
- Let me know / if you need any help.
- Let me know / how much it costs.

- 어디 봐요.
- 내가 할 수 있는지 보자.
- 무엇이 가능한지 보겠습니다.
- 당신의 파일을 확인해보겠습니다.
- 지도를 확인해보겠습니다.
- 그 사람이 가능한지 제가 알아볼게요.
- 당신이 어떤 도움이라도 필요하면 알려주세요.
- 비용이 얼마나 드는지 알려주세요.

🕐 Dialogue

Let me check your file	파일을 확인해보겠습니다

A : Is Ms. Smith in?

B : She's in an editorial board meeting / at the moment. Can I help you?

A : I want to check the status / of my book.

B : Oh, let me check your file. mm… We're going to start printing it / next week.

A : That's great.

B : Is there anything else / I can help you with?

A : 스미스 씨 계십니까?

B : 그녀는 지금 편집국 회의 중이십니다. 제가 좀 도와드릴까요?

A : 제 책의 상황을 확인하고 싶어요.

B : 아, 파일을 확인해보겠습니다. 음… 우리는 다음 주에 그것을 인쇄할 예정이에요.

A : 좋네요.

B : 도와드릴 뭐 다른 건 없나요?

❶ Pattern

Why don't
~하는 게 어때?

- Why don't we take a walking tour downtown?
- 시내로 도보 여행을 가는 게 어때요?

- Why don't we order out?
- 주문하는 게 어때요?

- Why don't we go there?
- 우리 거기로 가는 게 어때?

- Why don't you ask your friend /about it?
- 그것에 관해 친구에게 물어보지 그래요?

- Why don't you have a seat / while I finish?
- 제가 마무리하는 동안 자리에 앉아 계시지 않겠어요?

- Why don't you use two monitors?
- 두 대의 모니터를 사용하는 게 어때요?

- Why not?
- 왜 안 되죠?

- Why not get some rest?
- 좀 쉬면 안 돼?

❷ Dialogue

Why don't you have a seat?
자리에 앉아 계시지 않겠어요?

A : Hi, Steve. I dropped by / to pick up the budget report / for this month.

A : 안녕하세요, 스티브. 이번 달에 해당하는 예산 보고서를 가져가려고 들렀어요.

B : I'm almost done. Why don't you have a seat / while I finish?

B : 거의 끝냈어요. 제가 마무리하는 동안 자리에 앉아 계시지 않겠어요?

A : OK. How come you have so many programs open / at once?

A : 좋아요. 왜 그렇게 많은 프로그램을 동시에 열어 놓으셨어요?

B : I need them all to write up this report.

B : 이 보고서를 작성하기 위해 모두 다 필요해요.

A : Then why don't you use two monitors?

A : 그렇다면, 두 대의 모니터를 사용하는 게 어때요?

⚡ Pattern

Can you

너는 ~할 수 있니?

- Can you tell me the name / of the program?
- Can you tell me / where it is?
- Can you help me / buy a bag / for my laptop?
- Can you help me / with my report?
- Could you tell me / later?
- Could you try to fix it / for me?
- Could you please fill out this form?

- 그 프로그램의 이름을 내게 알려줄 수 있어요?

- 그것이 어디에 있는지 알려줄래?

- 내 노트북용 가방을 사는 것을 도와줄 수 있니?
- 내 보고서를 작성하는 것을 좀 도와줄래요?
- 나중에 내게 말씀해주시겠어요?
- 저를 위해 그것을 좀 고쳐주시겠어요?
- 이 양식을 채워주시겠어요?

🕐 Dialogue

Could you tell me the name?

그 이름을 내게 알려줄 수 있어요?

A : How did you get rid of those useless ads?

B : Well, I installed an ad blocking program. It stops virtually all pop-ups.

A : Can you tell me the name / of the program?

B : It's on the tip / of my tongue, / but I can't remember it / right now.

A : Could you tell me / later?

B : Sure. I'll text you / when I get home.

A : 어떻게 그런 쓸데없는 광고들을 없앴어요?

B : 음, 나는 광고 차단 프로그램을 설치했어요. 그게 사실상 모든 팝업 광고를 막아줘요.

A : 그 프로그램의 이름을 내게 알려줄 수 있어요?

B : 아, 그게 생각이 날듯 말듯 하네요. 하지만 지금 당장은 그것을 기억할 수가 없네요.

A : 그러면 나중에 말씀해주시겠어요?

B : 물론이지요. 내가 집에 가면 문자 메시지를 보내줄게요.

⚡ Pattern

There's	~이 있다

- There's more good news.
- 좋은 소식이 더 있습니다.
- There's a heavy rainstorm / coming soon.
- 거센 비바람이 곧 몰아칠 것입니다.
- There's water leak / under the sink.
- 싱크대 밑에서 누수가 있어요.

- There's no answer.
- 응답이 없는데요.
- There's nothing / to lose / by asking.
- 물어본다고 손해 볼 것은 없습니다.
- There's something different / about you / today.
- 오늘 당신 뭔가 달라 보이네요.
- There's something / that you should know.
- 네가 알아야 할 뭔가가 있어.

✌ Dialogue

There's something different	뭔가 달라 보이네요

A : Hey, Jennifer. There's something different / about you / today.

A : 안녕, 제니퍼. 당신 오늘 뭔가 달라 보이네요.

B : Yeah. I got my hair cut / yesterday. How do I look?

B : 네. 어제 머리를 잘랐어요. 어때 보이나요?

A : That style really suits you. What's the name / of the hair salon?

A : 그 스타일이 정말 어울려요. 미용실의 이름이 뭔가요?

B : It's called "Beautiful Hair, Wonderful Day."

B : '뷰티풀 헤어, 원더풀 데이'라고 해요.

A : Can you tell me / where it is?

A : 그 미용실이 어디 있는지 알려주실래요?

B : Sure. It's located on Main Street / near the Central Shopping Mall.

B : 물론이죠. 그것은 센트럴 쇼핑몰 근처 메인가에 있어요.

⚡ Pattern

It looks/seems/sounds

보인다/같다/들린다

- It looks great.
- It looks really useful.
- It looks like sunscreen.
- It seems big enough.
- It seems like she really needs it.
- It sounds difficult.
- It sounds like you had a great experience.

- 멋져 보여요.
- 정말 유용해 보이네요.
- 선크림처럼 보여요.
- 충분히 큰 것 같아요.
- 그녀는 그것이 정말 필요한 것 같아요.
- 어렵게 들리네요.
- 당신은 좋은 경험을 한 것처럼 들리네요.

🌐 Dialogue

It looks like it's got a virus

바이러스에 걸린 것 같아요

A : Help! I think my computer's going crazy!

B : Oh, it looks like it's got a virus.

A : What do I do? I don't know the first thing / about computers.

B : Don't look at me. I'm no computer expert either.

A : It's erasing my files! Quick! We've got to do something / before I lose everything!

B : Well, maybe it's best to leave this / to an expert.

A : 도와주세요! 제 컴퓨터가 미쳐가는 것 같아요!

B : 오, 바이러스에 걸린 것 같아요.

A : 내가 무엇을 하죠? 나는 컴퓨터에 관해서는 아무것도 몰라요.

B : 저를 쳐다보지 마세요. 저도 컴퓨터 전문가가 아니에요.

A : 내 파일이 지워지고 있어요! 빨리! 내가 모든 걸 잃기 전에 뭔가를 해야 해요!

B : 글쎄요, 아마 전문가에게 맡기는 게 최선이겠어요.

⚡ Pattern

I need

- I need them all / to write up this report.
- I need a haircut too.
- Do you mean I need to read something / that's not so hard?
- I need to buy one / because my new computer setup requires it.
- I need something smaller.
- I need something / that can hold at least 400.

나는 ~이 필요하다

- 이 보고서를 작성하려면 그것들 전부 필요해요.
- 나도 커트(머리)가 필요해.
- 내가 그렇게 어렵지 않은 무언가를 읽어야 한다는 뜻인가요?
- 내 새 컴퓨터를 설치하는 데 그것이 필요하기 때문에 하나 사야겠어요.
- 더 작은 게 필요해요.
- 나는 적어도 400개는 담을 수 있는 뭔가 필요하다.

⚡ Dialogue

I need to buy one

A : What are you looking at, Peter?

B : A website that sells extension cords. I need to buy one / because my new computer setup requires it.

A : How many sockets do you need / to set up your computer?

B : I need at least four sockets.

A : Don't buy the one / with six sockets. It can overheat and cause a fire.

B : Thanks. I'll keep that in mind.

하나 사야겠어요

A : 피터, 뭘 보고 있어요?

B : 전기 연장 코드를 판매하는 웹사이트요. 내 새 컴퓨터를 설치하는 데 그것이 필요하기 때문에 하나 사야겠어요.

A : 컴퓨터를 설치하려면 몇 개의 소켓이 필요한가요?

B : 최소한 네 개의 소켓이 필요해요.

A : 소켓이 여섯 개 달린 것은 사지 마세요. 과열되어서 불이 날 수 있어요.

B : 고마워요. 명심할게요.

⚡ Pattern

I was

- I was in a meeting with a client.
- I was about to go to lunch.
- I was wondering if I could ask you a huge favor.
- I was wondering if you can make it.
- I was thinking of taking him / to the museum.
- I was thinking about buying an ivy plant / that can hang in the balcony.

나는 ~이었다

- 고객과의 미팅 중이었어요.
- 점심 먹으러 가려던 참이었어요.
- 제가 당신에게 큰 부탁을 하나 드려도 될까요.

- 당신이 해낼 수 있는지 궁금했어요.
- 나는 그를 박물관에 데려갈까 생각 중이었어요.

- 나는 발코니에 걸어놓을 수 있는 아이비 나무를 살까 생각 중이었어요.

☺ Dialogue

I was wondering if I could ask you a huge favor

큰 부탁을 하나 드려도 될까 해서요

A : Excuse me, sir. I was wondering if I could ask you a huge favor.

B : Yes, what is it?

A : Well, are you sitting / with anyone?

B : No.

A : Oh, then, would you switch seats / with my friend? We bought tickets / at the last minute / and were not able to get seats / next to each other.

B : No problem. Let me just get my coat.

A : 실례합니다. 제가 큰 부탁을 하나 드려도 될까 해서요(궁금했어요).

B : 네, 무슨 일인데요?

A : 음, 누군가와 함께 앉아 있나요?

B : 아니요.

A : 아, 그럼 제 친구와 자리를 바꿔주시겠어요? 우리는 막판에 표를 샀는데 서로의 옆에 있는 자리를 구할 수 없었어요.

B : 문제없어요. 코트만 챙길게요.

⚡ Pattern

How much

- How much is it?
- How much can you spend?
- How many sockets do you need / to set up your computer?
- How many are coming / to the party?
- How often does bus number 16 stop here?
- How often do you exercise?

얼마

- 얼마예요?
- 당신은 얼마나 쓸 수 있나요?
- 컴퓨터를 설치하려면 소켓이 몇 개 필요합니까?

- 파티에 몇 명이 오나요?
- 16번 버스가 얼마나 자주 여기에 서나요?

- 너는 얼마나 자주 운동을 하니?

⚛ Dialogue

How much is the fare?

A : Hi. My family and I are planning / to travel / from Boston to Philadelphia. How much is the fare?

B : The standard fare is 100 dollars per person. How many people will be traveling?

A : Two adults and one child. Do you have a discount / for children?

B : Yes. Children from ages 2 through 11 / get 40% off the standard fare.

A : Oh, that's too bad. My daughter is 13.

요금이 얼마지요?

A : 안녕하세요. 저와 제 가족은 보스턴에서 필라델피아까지 여행하는 것을 계획하고 있어요. 요금이 얼마지요?

B : 일반 요금은 1인당 100달러입니다. 몇 분이 여행을 하실 건데요?

A : 어른 2명에, 아이 1명이요. 아이들을 위한 할인이 있나요?

B : 네. 2세부터 11세까지의 아이들은 일반 요금에서 40퍼센트가 할인됩니다.

A : 아, 유감이네요. 제 딸은 열세 살이거든요.

⚡ Pattern

Don't you	너는 ~하지 않니?
• Don't you know our group project is due tomorrow?	• 우리 그룹 과제가 내일까지인 거 몰라?
• Don't you know about the problems?	• 그 문제들에 관해 모르십니까?
• Don't you think so?	• 그렇게 생각 안 해?
• Don't you think Jimmy is too shy?	• 지미가 너무 수줍어하는 것 같지 않니?
• Don't you remember last summer?	• 작년 여름 기억 안 나니?
• Don't you remember anything / about your past?	• 과거에 관해서는 어떤 것도 기억이 나지 않니?

⚙ Dialogue

Don't you know?	몰라?
A : Molly, don't you know our group project is due tomorrow?	A : 몰리, 우리 그룹 과제가 내일까지인 거 몰라?
B : Yes, I do. I did my best.	B : 알고 있어. 나는 최선을 다했어.
A : I'm not sure / if we'll get a good grade. I've taken a look at the part / you prepared / and found a lot of mistakes.	A : 우리가 좋은 성적을 받을 수 있을지 난 모르겠어. 네가 준비한 부분을 한번 봤는데 많은 실수를 발견했어.
B : Oh, really?	B : 오, 정말?
A : Look at this. The year should be 1979, not 1997.	A : 이것 좀 봐. 1997년이 아니라 1979년이어야 해.
B : Oh, that's right! I'm sorry about that. What else?	B : 아, 맞아! 미안해. 다른 건?

⚡ Pattern

I can't

- I can't guarantee that / I can fix the bent frame.
- I'm afraid / I can't go.
- I can't believe it.
- I can't believe / we have such a wonderful open space / here.
- I can't believe / I made such mistakes.
- I can't wait to read it.
- I can't wait to meet them.

나는 ~할 수 없다

- 내가 구부러진 골격을 고칠 수 있다고 장담할 수 없어요.
- 죄송하지만 갈 수 없습니다.
- 믿기지 않아요.
- 여기 이렇게 정말 놀랄 만한 확 트인 공간이 있다는 게 믿기지 않아요.
- 내가 그런 실수를 하다니 믿을 수가 없어.
- 빨리 읽고 싶다.
- 빨리 그들을 만나고 싶다.

⚡ Dialogue

I can't believe it

A : I can't believe / we have such a wonderful open space / here, / on top of our office building.

B : It was so messy up here before.

A : Yes, there was nothing / but junk and old equipment.

B : Now, it's a renewed space / with all of these beautiful flowers, trees, and wooden benches.

A : It's totally refreshing. I feel like / I'm on top / of a mountain.

B : I'm going to come up here / often.

믿기지 않아요

A : 여기 우리 사무실 건물 위에 이렇게 정말 놀랄 만한 확 트인 공간이 있다는 게 믿기지 않아요.

B : 전에는 여기가 매우 어질러져 있었잖아요.

A : 그래요, 잡동사니와 낡은 비품 외에는 아무것도 없었죠.

B : 이제, 예쁜 꽃과 수목 그리고 나무로 된 벤치가 전부 갖춰진 새로워진 공간이에요.

A : 정말 상쾌하네요. 전 산의 정상에 있는 것 같은 느낌이 들어요.

B : 전 자주 이곳에 올라올 거예요.

❹ Pattern

Would you	~해주겠어요?

- Would you switch seats / with my friend?
- 제 친구와 자리를 바꿔주시겠어요?

- Which one would you choose?
- 당신은 어떤 것을 선택하겠습니까?

- Would you like anything to drink?
- 마실 것 좀 드릴까요?

- Would you like me to bring any food / to the party?
- 제가 파티에 음식을 좀 가져다 드릴까요?

- Would you like to come / to my house / this evening / for dinner?
- 저녁 식사하러 오늘 저녁에 우리 집에 오시겠어요?

- What would you like to do / on your trip?
- 여행에서 무엇을 하고 싶으세요?

❺ Dialogue

Would you like to come?	오시겠어요?

A: Mary, would you like to come / to my house / this evening / for dinner?

A: 메리, 오늘 저녁에 저녁 식사하러 우리 집에 오시겠어요?

B: I'd love to. What's the occasion?

B: 그러고 싶어요(좋아요). 무슨 일이에요?

A: Well, we're having a farewell party / for my younger brother. He's going abroad / next Monday.

A: 음, 제 남동생을 위해서 송별회를 열 거예요. 그는 다음 주 월요일에 외국에 가요.

B: Oh, nice! Would you like me to bring any food / to the party?

B: 오, 좋아요! 제가 파티에 음식을 좀 가져갈까요(가져가길 원하세요)?

A: No, just come and have a good time. We'll take care of the food.

A: 아니요, 그냥 와서 좋은 시간 보내요. 음식은 저희가 챙길게요.

⚡ Pattern

Have you   너 ~했니/~해봤니?

- Have you seen a doctor?
- Have you checked the comments online?
- Have you been to the National Museum?
- How have you been?
- Where have you been?
- Have you decided / which one you're going to buy?
- Have you decided / what you're going to order?
- Have you decided / on how to get there?

- 병원 가봤어?
- 온라인 코멘트를 확인했나요?
- 국립박물관에 가본 적 있니?
- 어떻게 잘 지냈니?
- 너 어디에 있었어?
- 너는 어떤 것을 살 것인지 결정했니?

- 무엇을 주문할지를 정했어요?

- 그곳에 어떻게 가실지 결정하셨나요?

⚡ Dialogue

Have you been to the museum?   그 박물관에 가본 적 있니?

A : Hey, Kelly. Have you been to the Bradford Museum of Failure?

B : I've never even heard of it. What kind of exhibitions do they have?

A : They exhibit failed products / from the world's best-known companies.

B : Interesting. I wonder why they opened that kind of museum.

A : It was founded to deliver the message / that we need to admit our failures / to truly succeed.

A : 이봐, 켈리. '브래드포드 실패 박물관'에 가본 적이 있니?

B : 그곳에 관해 들어본 적도 없어. 어떤 종류의 전시를 하고 있지?

A : 그곳은 세계에서 가장 유명한 회사들의 실패한 제품들을 전시해.

B : 흥미롭네. 왜 그런 종류의 박물관을 열었는지 궁금해진다.

A : 그곳은 우리가 진정으로 성공하기 위해서는 우리의 실패를 인정할 필요가 있다는 메시지를 전달하기 위해 설립되었어.

⚡ Pattern

It'll

그것은 ~할 것이다

- It'll be better / if you can come.
- I'm sure / it'll be OK.
- It'll be from December 3rd to the 7th.
- It'll help you find hotel information / more easily.
- It'll help you become more creative.
- It'll take about 30 minutes.
- It'll take place at Magic River Park.

- 당신이 오실 수 있다면 더 좋을 거예요.
- 괜찮을 거라고 확신해요.
- 12월 3일부터 7일까지입니다.
- 그것은 더 쉽게 호텔 정보를 찾게 도와줄 거예요.
- 좀 더 창의적이 되도록 도와줄 거예요.
- 30분 정도 걸릴 겁니다.
- 그것은 매직 리버 공원에서 열릴 거예요.

💬 Dialogue

I'll be better if you do so

그렇게 하면 더 좋을 거예요

A: I'm John Carter, producer of the *Wisdom Quiz Show* at CBC. May I talk to you / for a minute?

B: Sure.

A: Thanks. We've made quiz questions / for the show / and we could use your input / on some of them.

B: Hmm... Do I have to visit your office?

A: We could do it / by e-mail, / but it'll be better / if you stop by in person.

B: Well, I think I can be there / if it's not Monday.

A: 전 CBC 방송국에서 〈위즈덤 퀴즈 쇼〉를 담당하는 프로듀서 존 카터입니다. 잠깐 얘기 좀 나눌 수 있을까요?

B: 물론이죠.

A: 감사합니다. 저희가 쇼를 위해서 퀴즈 질문들을 만들었는데 그것들 중 몇 가지에 관해 당신의 조언을 쓸 수 있을 것 같습니다.

B: 흠… 제가 당신의 방송국을 방문해야 합니까?

A: 우리가 이메일로 할 수 있지만 당신이 직접 들르신다면 더 좋을 거예요.

B: 그럼, 월요일만 아니면 제가 거기로 갈 수 있을 것 같아요.

⚡ Pattern

They're

그[그것]들은 ~이다

- They're having a huge sale / this week.
- They're a lot easier / to understand.
- They're too small / for the kids.
- They're all ready.
- They're all so beautiful.
- They're $50 each for adults / and $35 each for children.
- They're $30 and $25 each.

- 그들은 이번 주에 대대적인 세일을 해요.
- 그것들은 이해하기가 훨씬 쉬워.
- 그것들은 아이들에게는 너무 작아요.
- 그들은 모두 준비됐어요.
- 그들은 모두 너무 아름다워요.
- 어른은 각각 50달러이고 어린이는 각각 35달러입니다.
- 각각 30달러와 25달러입니다.

🗨 Dialogue

They're a lot easier to understand

그것들은 이해하기가 훨씬 쉬워요

A : Alice, did you finish the report?

B : Not yet. I haven't decided / which graph / I'll use.

A : Let me see. How about the line graph / with dots?

B : I'm afraid it might not be good / for my report / this time.

A : Then, how about one of the bar graphs? They're a lot easier / to understand.

B : That's what I was thinking.

A : 앨리스, 보고서 다 끝냈어요?

B : 아직은 아니에요. 제가 어떤 그래프를 사용할지 결정하지 못했어요.

A : 어디 봐요. 점이 있는 선 그래프는 어때요?

B : 이번 제 보고서에는 좋지 않을 수도 있을 것 같아요.

A : 그렇다면 막대그래프 중 하나로 하면 어떨까요? 그것들은 이해하기가 훨씬 쉬워요.

B : 그게 제가 생각하고 있던 거예요.

⚡ Pattern

I want

- I want my students to learn / about the animals / before our trip.
- I want the other one.
- I want to talk / to Mrs. Smith / about some ideas / I have / for a new book.
- I want to buy a laptop computer.
- I want you to fill in / for her / temporarily.
- I want you to tell me.

나는 ~을 원한다

- 나는 우리의 여행 전에 내 학생들이 동물들에 관해 배웠으면 좋겠다.
- 나는 다른 하나를 원해.
- 나는 새 책에 관해 내가 가지고 있는 몇 가지 아이디어를 스미스 씨와 얘기하고 싶어요.
- 나는 노트북 컴퓨터를 사고 싶어.
- 임시로 그녀를 대신해서 일 좀 해주세요.

- 네가 나에게 말해줬으면 해.

⚡ Dialogue

I want to buy a laptop

A : Jack, what are you doing?

B : Hey, Julia. I want to buy a laptop, so I'm looking at this price comparison site.

A : Ah, have you decided / which one you're going to buy?

B : Yes. Model 'PJ6370.' You can see it here / on the screen.

A : Looks nice. How much are you willing to pay?

B : Up to 1,500 dollars.

노트북을 사고 싶어

A : 잭, 뭐 하고 있니?

B : 안녕, 줄리아. 노트북 컴퓨터를 사고 싶어, 그래서 이 가격 비교 사이트를 보고 있어.

A : 아, 어느 것을 살 것인지 결정했니?

B : 응. 'PJ6370' 모델로 정했어. 여기 화면에서 그 모델을 볼 수 있어.

A : 멋져 보이네. 얼마나 지불할 의향인데?

B : 1,500달러까지야.

⚡ **Pattern**

I like
나는 ~을 좋아한다

- I like it.
- I like that idea.
- I like New York / more than Boston.
- I like doing it / because it relaxes me.
- I like collecting coins.
- I like working outside.
- I like to stay home / in the evenings.
- I like to eat pizza.

- 마음에 들어요.
- 나는 그 생각이 좋아요.
- 나는 보스턴보다 더 뉴욕을 좋아해요.
- 난 그게 내 긴장을 풀어줘서 그거 하길 좋아해.
- 나는 동전 모으는 것을 좋아해.
- 나는 밖에서 일하는 것을 좋아해.
- 나는 저녁에 집에 있는 것을 좋아해.
- 나는 피자 먹는 것을 좋아해.

☯ **Dialogue**

I like doing it
난 그거 하길 좋아해

A : What did you do last Saturday, Steve?

B : I went hiking. How about you, Brenda?

A : I made some candles / for my mom and sister. I actually love making candles.

B : Cool. Is there a special reason / for that?

A : I like doing it / because it relaxes me.

B : Oh, that's good.

A : Also, candles make great presents.

A : 스티브, 지난 토요일에 뭐 했니?

B : 나는 등산(하이킹)을 했어. 브렌다, 너는?

A : 나는 엄마와 여동생을 위해 초를 몇 개 만들었어. 사실 양초 만드는 것을 좋아해.

B : 멋지다. 그것을 위한 특별한 이유가 있어?

A : 난 그게 내 긴장을 풀어줘서 그거 하길 좋아해.

B : 아, 좋네.

A : 게다가 초는 좋은 선물이 될 수 있어.

⚡ Pattern

May I

제가 ~해도 될까요?

- May I speak to Sara Brown?
- May I take a few pictures?
- May I see your identification?
- May I help you?
- How may I help you?
- May I have my bill?
- May I have your name please?
- May I have your room number?

- 사라 브라운과 통화할 수 있을까요?
- 사진 몇 장 찍어도 될까요?
- 신분증을 보여주시겠습니까?
- 도와드릴까요?
- 어떻게 도와드릴까요?
- 계산서를 받을 수 있을까요?
- 성함을 알 수 있을까요?
- 당신의 방 번호를 알 수 있을까요?

☺ Dialogue

How may I help you?

어떻게 도와드릴까요?

A: How may I help you?

B: I'm wondering if you can do anything / with this racket.

A: Let's see... Oh, it's damaged.

B: I dropped it and stepped on it / by mistake / while I was playing badminton / in the gym / yesterday.

A: I can replace the broken strings / easily, / but I can't guarantee / that I can fix the bent frame.

B: Could you try to / fix it / for me, please? I have to use this / tomorrow.

A: 어떻게 도와드릴까요?

B: 이 라켓에 뭐라도 해주실 수 있는지 궁금해요.

A: 제가 좀 볼게요…. 아, 손상됐군요.

B: 어제 체육관에서 배드민턴을 치다가 실수로 떨어뜨리고 발로 밟았어요.

A: 어렵지 않게 망가진 줄을 교체할 수는 있어요, 하지만 테가 구부러진 걸 고칠 수 있다고 장담할 수는 없어요.

B: 저를 위해, 제발 그걸 고치는 걸 한번 해보실 수 있을까요? 내일 이걸 사용해야 하거든요.

⚡ Pattern

You'll

너는 ~할 것이다

- You'll do fine.
- 넌 잘할 거야.
- You'll see Eva's Bakery / on your right.
- 당신은 오른쪽에서 에바 빵집을 볼 겁니다.
- You'll be surprised / when I tell you / how much it cost.
- 내가 가격이 얼마인지 말하면 넌 깜짝 놀랄 거야.
- You'll be fine.
- 당신은 좋아질 거예요.
- You'll have to wait / for two weeks.
- 당신은 2주 동안 기다려야 할 거예요.
- You'll have to think / about what the students want.
- 당신은 학생들이 무엇을 원하는지에 관해 생각해야 할 거예요

⚙ Dialogue

You'll be surprised

넌 깜짝 놀랄 거야

A : Wow! That digital camera looks great. Is it the latest model?

A : 와, 그 디지털 카메라 좋아 보인다. 최신 모델이야?

B : Yes, it is. You'll be surprised / when I tell you / how much it cost.

B : 응, 맞아. 내가 가격이 얼마인지 말하면 넌 깜짝 놀랄 거야.

A : How much was it?

A : 얼마였는데?

B : The original price was $500, but I only paid $300.

B : 원래 가격은 500달러였는데 300달러만 냈어.

A : Great! How did you get such a big discount?

A : 훌륭해! 어떻게 그렇게 많이 할인받았어?

B : This camera was a display model.

B : 사실 이 카메라는 진열용 모델이었어.

43

⚡ Pattern

Is there	~이 있니?

- Is there a problem / with the book?
- 그 책에 무슨 문제가 있나요?
- Is there a special reason / you make candles?
- 당신이 초를 만드는 특별한 이유가 있나요?
- Is there a delivery fee?
- 배송료가 있나요?
- Is there any way / to get it there / faster?
- 그것을 거기에 더 빨리 보내는 어떤 방법이 있나요?
- Is there any particular reason?
- 특별한 이유라도 있나요?
- Is there anything / to eat?
- 먹을 것이 있습니까?
- Is there something wrong?
- 문제가 있습니까?
- Is there something / I should know?
- 내가 알아야 할 뭔가가 있습니까?

☯ Dialogue

Is there anything to eat? / 먹을 것이 있어?

A: Is there anything to eat, George? I'm starving.

A: 조지, 먹을 것이 있어? 배가 고파.

B: I thought there was some pizza / in the refrigerator, / dear, but it's gone.

B: 냉장고 안에 피자가 좀 있는 것 같았는데, 없어.

A: I don't feel like cooking. Why don't we order out?

A: 요리하고 싶은 기분이 아닌데, 주문하는 게 때?

B: OK. Let's get some Chinese food.

B: 좋아. 중국 음식을 좀 주문하자.

A: No, it's too greasy. How about Korean food / instead?

A: 싫어, 너무 기름기가 많아. 대신 한식은 어때?

B: Now that you mention it, I'd like a Korean meal.

B: 그렇게 말하니 한식이 먹고 싶네.

⚡ Pattern

I didn't

나는 ~하지 않았다

- I didn't think about that.
- I didn't have breakfast.
- I didn't know / they were interested in my proposal.
- I didn't know / you're interested in romantic movies.
- I didn't realize / it was so late.
- I didn't realize / this place is so busy / all the time.

- 그것에 관해 생각 안 해봤어.
- 나는 아침을 먹지 않았어요.
- 나는 그들이 내 제안에 관심이 있는지 몰랐어요.
- 나는 네가 로맨틱 영화에 관심이 있는지 몰랐어.
- 이렇게 늦은 줄 몰랐어요.
- 항상 여기가 이렇게 바쁜지 몰랐어요.

💬 Dialogue

I didn't know you're interested in it

네가 관심 있는지 몰랐어

A: What are you looking at / on your smartphone?

B: I'm watching the movie Romeo and Juliet.

A: I didn't know you're interested / in romantic movies.

B: I'm not really.

A: Well, do you like the actors / in the movie?

B: Actually, I'm going to play Juliet / in the play, / and I'm watching this / because I want to better understand my role.

A: 스마트폰으로 뭘 보고 있니?

B: 영화 〈로미오와 줄리엣〉을 보고 있어.

A: 네가 로맨틱한 영화에 관심이 있는지 몰랐어.

B: 그렇지 않아.

A: 그럼, 그 영화에 나오는 배우들이 맘에 드는 거야?

B: 실은 연극에서, 내가 줄리엣 역을 맡을 예정이야, 그래서 내 역할을 더 잘 이해하고 싶기 때문에 이것을 보고 있어.

⚡ Pattern

I've been

나는 ~해오고 있다

- I've been busy.
- I've been stuck in traffic / for half an hour.
- I've been working.
- I've been trying this experiment / again and again.
- I've been trying to reach you / all morning.
- I've been doing it for years.
- That's all / I've been doing lately.

- 나 요즘 바빠요.
- 차가 막혀서 30분째 꼼짝 못 하고 있어요.
- 나는 (전부터) 일하고 있어요.
- 저는 몇 번이고 이 실험을 계속 해봤어요.
- 아침 내내 네게 연락하려고 했어.
- 나는 그것을 몇 년 동안 해오고 있어요.
- 그게 내가 최근에 하고 있는 전부야.

❂ Dialogue

I've been trying this

이걸 계속 해봤어요

A : Andrew, you look unhappy. What's wrong?

B : Hi, Ms. Benson. I've been trying this experiment / again and again, / but it's not working.

A : Why isn't it working?

B : I don't know. Maybe I don't have much talent.

A : Don't be so hard / on yourself. I believe that / the path to success is / through analyzing failure.

A : 앤드류, 기분이 안 좋아 보여요. 뭐가 잘못된 거죠? (무슨 문제 있나요?)

B : 안녕하세요, 벤슨 씨. 제가 이 실험을 몇 번이고 계속 해봤어요, 그런데 제대로 되지 않아요.

A : 왜 잘되지 않을까요?

B : 모르겠어요. 아마도 제가 별로 재능이 없는 것 같아요.

A : 자신을 너무 탓하지 마세요. 전 성공에 이르는 길은 실패를 분석하는 것을 통해서라고 생각 해요(믿어요).

❶ Pattern

| I heard | 나는 ~을 들었다 |

- I heard it's a must-do.
- I heard the World Furniture Expo starts / soon.
- I heard the Smith family moved out / to the countryside.
- I heard from Jack / that you might drop by.
- I heard from a friend today.
- I heard about you.
- I heard about that.

- 그것이 꼭 해야하는 것이라고 들었어요.
- 세계 가구 박람회가 곧 시작된다고 들었어.
- 스미스 가족이 시골로 이사 갔다고 들었어요.
- 네가 들를지도 모른다고 잭한테 들었어.
- 나는 오늘 친구로부터 소식을 들었다.
- 나는 너에 관해 들었다.
- 나는 그것에 관해 들었다.

❷ Dialogue

| I heard the World Furniture Expo starts soon | 세계 가구 박람회가 곧 시작된다고 들었어요 |

A : Honey, I think it's time to replace the kids' beds.

B : Right. We should buy a new kitchen table, too.

A : I heard the World Furniture Expo starts soon. Should we go there?

B : Yeah. That would be a good place / to compare quality and prices / of the furniture. When is it?

A : It's from September 16th through the 18th. And it's not far / from here.

B : Perfect.

A : 여보, 아이들의 침대를 바꿀 때가 된 것 같아요.

B : 맞아요. 주방 식탁도 새로 사야 해요.

A : 세계 가구 박람회가 곧 시작된다고 들었어요. 거기에 갈까요(가야 할까요)?

B : 네. 가구의 품질과 가격을 비교하기에 그곳이 좋은 장소일 거예요. 그 박람회가 언제죠?

A : 9월 16일부터 18일까지예요. 그리고 여기서 멀지 않아요.

B : 잘됐네요. (완벽하네요.)

⚡ Pattern

What + 명사/부사

- What kind can I use?
- What kind of work experience is required?
- What kind of table / should we get?
- What time is good / for you?
- What time / should I get there?
- What time / do you prefer?
- What else do we need to do?
- What else does it say?

어떤

- 어떤 종류를 사용할 수 있나요?
- 어떤 종류의 경력이 필요합니까?

- 어떤 종류의 테이블을 사야 할까요?
- 당신은 몇 시가 좋으세요?
- 몇 시에 내가 거기에 가면 될까요?
- 몇 시가 더 좋으세요?
- 그 밖에 우리가 해야 할 일은 뭔가요?
- 또 뭐라고 쓰여 있는데요?

🔊 Dialogue

What kind of table should we get?

A : Hey, Linda. Did you find a website / that sells picnic tables?

B : Yeah, come over here. Here's one / that has some.

A : Wow! They have a good selection. What kind of table should we get?

B : I think a square one is better / than a round one.

A : Hmm. But I think a round one would be safer / for the children.

B : That's a good point. I didn't think of that.

어떤 식탁을 사야 할까?

A : 이봐, 린다. 피크닉용 식탁을 파는 웹사이트를 찾았니?

B : 응, 이쪽으로 와봐. 몇 가지를 파는 곳이 여기 하나 있어.

A : 와! 선택할 수 있는 것이 많이 있네. 어떤 식탁을 사야 할까?

B : 둥근 것보다 정사각형 모양의 것이 더 좋은 것 같은데.

A : 흠. 하지만 난 둥근 것이 아이들에게 더 안전할 것 같아.

B : 좋은 지적이야. 그건 생각하지 못했어.

⚡ Pattern

I'm going to

- I'm going to church.
- I'm going to school / today.
- I'm going to stop by the mall / to get something.
- I'm going to come up here often.
- I'm going to get a cup of hot tea.
- I was going to call you / after school.
- I was going to make chicken curry / for dinner.

나는 ~에 갈 것이다/~할 것이다

- 나는 교회에 갈 거예요/나는 교회에 가는 중이에요.
- 나는 오늘 학교에 갈 거예요.
- 뭐 좀 사러 쇼핑몰에 들를 거예요.

- 여기 자주 올라올 거예요.
- 나는 따뜻한 차 한 잔을 마실 거예요.
- 방과 후에 전화하려던 참이었어요.
- 나는 저녁으로 치킨 카레를 만들려고 했어요.

⚡ Dialogue

I'm going to get a cup of hot tea

A : I'm sorry. Could we take a quick break? I'm just not getting it right.

B : What's the matter?

A : I don't know, but I do have a sore throat.

B : Maybe you need something / to drink. We've been practicing / for over an hour.

A : I'm going to get a cup / of hot tea. Maybe that'll help.

B : While you're doing that, / I'm going to play through that last song / again.

따뜻한 차 한 잔을 마셔야겠어요

A : 죄송해요. 잠깐 쉴까요? 내가 제대로 못 맞추고 있어요.

B : 무슨 일이죠?

A : 잘 모르겠는데, 목이 아파요.

B : 마실 뭔가가 필요할지도 몰라요. 우린 한 시간 넘게 연습했으니까요.

A : 따뜻한 차 한 잔을 마셔야겠어요. 아마도 그게 도움이 될 것 같아요.

B : 당신이 그렇게 하는 동안, 나는 다시 마지막 곡을 연습하고 있을게요.

⚡ Pattern

Which	어떤/어떤 것

- Which do you prefer, one or two pockets?
- Which do you want? The smaller one?
- Which one?
- Which one are you going to buy?
- Which one would you choose?
- Which size would you like?
- Which sports do your kids like?

- 주머니 한 개가 좋으세요, 주머니 두 개가 좋으세요?
- 당신은 어떤 걸 원하나요? 작은 것이요?
- 어느 것이요?
- 어떤 것을 살 건가요?
- 당신은 어떤 것을 선택하겠습니까?
- 어떤 사이즈를 원하십니까?
- 당신의 아이들이 어떤 스포츠를 좋아하나요?

🎧 Dialogue

Which one would you choose?	어떤 것을 선택할 거야?

A : If you could visit any country / in the world, / which one would you choose?

B : Why do you ask?

A : I came in first place / on a quiz show. The prize is a round-trip airplane ticket / to any destination.

B : Congratulations! That's great news. What would you like to do / on your trip?

A : I'd like to relax / on a beach.

B : Well, you'll have to do some research.

A : 만약 네가 세계에서 어느 나라든 방문할 수 있다면 어떤 나라를 선택할 거야?

B : 왜 물어?

A : 내가 퀴즈쇼에서 1등을 했어. 상품은 어느 목적지로든 가는 왕복 항공권이야.

B : 축하해! 그거 좋은 소식이네. 너는 여행에서 뭘 하고 싶어?

A : 해변에서 쉬고 싶어.

B : 그럼, 조사를 좀 해봐야겠네.

⚡ Pattern

Is that

그것은 ~야?

- Is that all?
- Is that okay?
- Is that true?
- Why is that?
- Where is that noise coming from?
- What is that?
- Is that what you want?
- Is that why everyone is wearing helmets?

- 그게 다야?
- 괜찮으세요?
- 그게 사실인가요?
- 왜 그런 것일까요?
- 저 소음은 어디서 나는 거야?
- 저게 뭐야?
- 그게 네가 원하는 거니?
- 그래서 모두가 헬멧을 쓰고 있는 거야?

💬 Dialogue

Why is that?

왜 그래요?

A : Honey, I heard the Smith family moved out / to the countryside. I'm so jealous.

B : Really? Why is that?

A : I think we can stay healthier / if we live in the country.

B : Hmm, can you be more specific?

A : The air in the city is so polluted. It's much cleaner / in the country.

B : You have a point. There are way fewer cars in the countryside.

A : 여보, 스미스 가족이 시골로 이사 갔다고 들었 어요. 정말 부러워요.

B : 정말요? 왜요?

A : 시골에 산다면 우리가 더 건강하게 지낼 수 있 을 것 같아요.

B : 음, 좀 더 구체적으로 말해보겠어요?

A : 도시의 공기는 매우 오염되었어요. 시골이 훨 씬 깨끗해요.

B : 일리가 있어요. 시골에는 차가 훨씬 적으니까 요.

⚡ Pattern

| You should/must | 너는 ~해야 한다/틀림없다 |

- You should choose a more level-appropriate English book.
- You must exercise / regularly.
- You should be fine / in a few days.
- You must be Mr. Smith, / one of the new interns, / right?
- You should have been here / an hour ago.
- You must have been astonished.

- 당신은 좀 더 수준에 맞는 영어책을 선택해야 합니다.
- 당신은 규칙적으로 운동해야 합니다.
- 며칠 후면 괜찮아질 거야.
- 당신이 새 인턴 중 한 명인 스미스 씨인가 봐요, 맞죠?
- 넌 한 시간 전에 여기 왔어야 했어.

- 너 깜짝 놀랐겠다.

🌀 Dialogue

| We should have stayed at home | 우리는 집에 있어야 했어요 |

A: You promised not to bring any work / with you.

B: I know, / but my boss gave me an assignment / at the last minute.

A: Why didn't you tell him / you couldn't do it? At least you could have told him / that you'd do it after you get back.

B: I'm sorry, honey, but I really need to finish this.

A: We should have stayed / at home / instead of spending so much money / for this trip.

A: 일거리를 가져오지 않겠다고 약속했잖아요.

B: 알아요, 하지만 막판에 상사가 나에게 임무를 줬어요.

A: 왜 당신은 그에게 못 한다고 말하지 않았나요? 적어도 당신이 돌아와서 그것을 하겠다고 말할 수 있었잖아요.

B: 미안하지만, 여보, 난 이걸 정말 끝내야 해요.

A: 우리는 이번 여행을 위해 그렇게 많은 돈을 쓰는 대신에 집에 있어야 했어요.

⚡ Pattern

You've + 과거분사　　　　　　　　　　너는 ~했다/~해왔다

- You've already bought five books.
- 당신은 벌써 책을 다섯 권이나 샀군요.

- As you've already learned, / it's operated by the computerized system.
- 당신이 이미 배웠듯이 그것은 컴퓨터 시스템에 의해 작동됩니다.

- You've been at the top / of your class / for three years.
- 당신은 3년 동안 반에서 일등을 했어요.

- You've been very busy / these days.
- 당신은 요즘에 많이 바쁘시군요.

- You've plenty of time.
- 시간은 많이 남았어.

- You've got to understand her.
- 넌 그녀를 이해해야 해.

⚡ Dialogue

We've got plenty of time　　　　　시간은 많이 남았어

A : We've got three hours / before the tour bus leaves. What do you want to do?

A : 관광버스가 출발하기까지 3시간 남았어. 뭘 하고 싶어?

B : How about taking a boat ride / around the lake?

B : 배를 타고 호수 주위를 돌아보는 건 어때?

A : I don't think we have enough time.

A : 시간이 충분하지 않은 것 같아.

B : Sure we do. The next boat leaves / in thirty minutes. And the sign says the trip lasts an hour and a half.

B : 물론 우리는 시간이 충분해. 다음 보트는 30분 후에 떠나. 그리고 표지판에는 여행이 1시간 30분 동안 지속된다고 쓰여 있어.

A : We've got plenty of time then. Let's do it.

A : 그럼 시간은 많이 남았네. 그렇게 하자.

⚡ Pattern

Do I

- How do I get there?
- How do I look?
- What do I do?
- Do I have to pay late fees / as well?
- Do I have to visit your office?
- Do I have to buy a textbook?
- Do I need to do that?
- Do I need a prescription / for it?

내가 ~하니?

- 거기에 어떻게 가죠?
- 나 어때 보여?
- 어떻게 하죠?
- 연체료도 내야 하나요?
- 제가 당신 사무실을 방문해야 하나요?
- 교과서를 사야 합니까?
- 꼭 그렇게 해야 하나요?
- 그것을 위한 처방전이 필요합니까?

🌐 Dialogue

Do I need to do that?

- A : Have you practiced answering any interview questions?
- B : Yeah, just some common ones.
- A : And you researched the company, didn't you?
- B : Researched the company? Do I need to do that?
- A : Absolutely! It's important / to find out / as much information / as you can.
- B : Well, I know that the company is well known / for advertising.

꼭 그렇게 해야 하나요?

- A : 면접 시험 질문에 답변하는 연습을 했어요?
- B : 네, 몇 가지 흔한 질문에 관해서만요.
- A : 그리고 그 회사에 관해서 조사를 했겠죠, 그렇죠?
- B : 회사에 관해서 조사를 했냐고요? 꼭 그렇게 해야 하나요?
- A : 당연하죠! 가능한 한 많은 정보를 알아내는 게 중요해요.
- B : 음, 나는 그 회사가 광고로 잘 알려져 있다는 것을 알아요.

⚡ Pattern

| I wish | 나는 바란다 |

- I wish you luck / in the contest.
- I wish you a Merry Christmas!
- I wish my mom and dad were here / tonight.
- I wish I could go.
- I wish I could work / in a place / like that.
- I wish I could've gone.
- I wish you could've told me.

- 경연 대회에서 행운을 빕니다.
- 즐거운 크리스마스 보내시길 바라요!
- 오늘 밤 엄마와 아빠가 여기 계셨으면 좋을 텐데.
- 갈 수 있으면 좋을 텐데.
- 그런 장소에서 일할 수 있으면 좋을 텐데.
- 갔었으면 좋았을 텐데.
- 네가 나한테 말할 수 있었으면 좋았을 텐데

⚡ Dialogue

| I wish I could've gone | 갔었으면 좋았을 텐데 |

A : Alice, why didn't you come / to the music festival / yesterday?

B : I was busy / doing my homework. I wish I could've gone. How was it?

A : It was great! My favorite band signed my ticket.

B : Wow! Can I see it?

A : Sure. It's in my wallet... Wait! My wallet! It's gone!

B : Really? Look in your coat pockets. Maybe it's there.

A : 앨리스, 어제 음악 페스티벌에 왜 오지 않았니?

B : 숙제를 하느라고 바빴어. 갔었으면 좋았을 텐데. 페스티벌은 어땠니?

A : 멋졌어! 내가 제일 좋아하는 밴드가 내 입장권에 사인을 해주었어.

B : 와! 그것을 내가 볼 수 있을까?

A : 물론이지. 내 지갑 속에 있어…. 잠깐만! 내 지갑! 없어졌어!

B : 정말? 코트 주머니를 확인해 봐. 아마 거기에 있을 거야.

⚡ Pattern

How's	~은 어때?

- How's your food?
- How's your new position?
- How's it going?
- How's your project going?
- How's the plan for your trip going?
- How was the board meeting?
- How was it?
- How was your day?

- 음식은 어때?
- 새 직책은 어때요?
- 어떻게 지내요? / 어떻게 돼가요?
- 프로젝트는 잘돼가니?
- 여행 계획은 어떻게 돼가나요?
- 이사 회의는 어땠어요?
- 어땠어?
- 오늘 하루는 어땠어요?

🔱 Dialogue

How's it going?	어떻게 지내니?

A: Hi, how's it going? I haven't seen your son Derek / for a while. Is he okay?

B: Yeah, he seems okay, but he doesn't talk with me / like he used to.

A: Well, that's a sign of growing up.

B: That's true, but my concern is that he only stays / in his room / after he comes home.

A: Does he hang out / with his friends?

B: Not very often, these days. Hmm, maybe once every other week.

A: 안녕, 어떻게 지내니? 한동안 네 아들 데릭을 보지 못했어. 그는 잘 지내니?

B: 응, 괜찮은 것 같아. 하지만 그는 예전 같이 나와 얘기하지 않아.

A: 그럼 그것은 그가 성장하고 있다는 신호네.

B: 맞아, 하지만 내 걱정은 그가 집에 돌아와서는 그저 자기 방에 있다는 거야.

A: 자기 친구들과는 친하게 지내니?

B: 요즘은 그리 자주는 아니야. 흠, 아마도 2주에 한 번 정도.

🔾 Pattern

Didn't you	너는 ~하지 않았니?

- Didn't you hear the weather forecast?
- Didn't you have breakfast?
- Didn't you get my text message?
- Why didn't you tell him / you couldn't do it?
- Why didn't you have dinner / tonight?
- Didn't you say you were going to the mall / today?
- Didn't you say you wanted to see the new Tom Hanks movie?

- 일기예보 듣지 않았니?
- 아침 먹지 않았니?
- 너 내 문자 메시지 받지 않았니?
- 왜 당신은 그에게 그것을 할 수 없다고 말하지 않았나요?
- 오늘 밤에 저녁은 왜 안 먹었어?
- 너 오늘 쇼핑몰에 간다고 하지 않았어?
- 당신이 톰 행크스의 신작 영화를 보고 싶다고 말하지 않았습니까?

🔾 Dialogue

Didn't you hear the weather forecast? | **일기예보 듣지 않았니?**

A: Hello, Sammie. Where are you off to?

B: It's Saturday, so I'm going to play football / in the park / with my friends.

A: Didn't you hear the weather forecast?

B: No, I didn't. Why? What's the problem?

A: There's a heavy rainstorm / coming soon. You shouldn't go outside.

B: What do you mean? It's not raining. I'm sure it'll be okay.

A: 안녕, 새미. 어디 가니?

B: 토요일이어서 공원에서 친구들과 축구를 하려고요.

A: 일기예보 듣지 않았니?

B: 아뇨, 못 들었는데요. 왜요? 무슨 문제가 있나요?

A: 곧 사나운 폭풍우가 닥칠 거야. 밖에 나가면 안 돼.

B: 무슨 말씀이세요? 비가 오고 있지 않잖아요. 나는 분명 괜찮을 거라 확신해요.

⚡ Pattern

You'd

- You'd be perfect / for the lead role.
- You'd be satisfied.
- Anything else you'd like to order?
- You can take some food / if you'd like.
- You'd better report your loss / to the Lost & Found.
- You'd better stop doing that / to avoid further damage.

당신은 ~할 것이다

- 당신이 주연으로 딱 어울릴 것 같아요.
- 당신은 만족할 거예요.
- 더 주문하실 건 없으신가요?
- 원하시면 음식을 가져가셔도 됩니다.

- 분실물 센터에 분실 신고를 하시는 게 좋을 것 같습니다.
- 더 이상의 피해를 막으려면 그렇게 하는 것을 그만두는 것이 좋습니다.

💬 Dialogue

You'd be perfect

A : Hey, Sylvia. I saw your new movie / a few days ago.

B : Thanks, Jack. I had so much fun / acting in that movie.

A : I'm sure you did. Sylvia, I'm going to be directing a new movie. You'd be perfect / for the lead role.

B : Oh, really? What's the movie about?

A : It's a comedy / about a dreamer / who just moved / to a new town.

B : That sounds interesting. I'd love to be / in it!

당신이 딱 어울릴 것 같아요

A : 안녕, 실비아. 며칠 전에 당신의 새 영화를 봤어요.

B : 고마워요, 잭. 그 영화에서 연기하는 것이 정말 재미있었어요.

A : 당신이 해낼 거라 확신했어요. 실비아, 나는 새 영화를 감독할 거예요. 당신이 주연으로 딱 어울릴 것 같아요.

B : 오, 정말이요? 그 영화는 어떤 내용인가요?

A : 그것은 새로운 마을로 막 이사 온 몽상가에 관한 코미디예요.

B : 그거 재미있겠네요. 나도 거기에 출연하고 싶어요!

⚡ Pattern

| I feel | 나는 ~라고 느낀다 |

- I feel the same way.
- I feel bad / that you can't go / to the game / because of work.
- I feel like I'm on top / of a mountain.
- I feel like everyone likes me.
- I feel like throwing up.
- I feel like staying in / tonight.
- I feel like having a snack.

- 동감입니다.
- 당신이 일 때문에 경기에 못 가서 아쉽네요.
- 마치 산의 꼭대기에 있는 것 같아요.
- 모든 사람이 나를 좋아하는 것 같아.
- 토할 것 같아요.
- 오늘 밤에는 집에 있고 싶어요.
- 간식을 먹고 싶어요.

⚡ Dialogue

I feel the same way / 동감이야

A: Courtney, what do you think / about the applicant / we interviewed / this morning?

B: I think he had a positive attitude / about the job. How about you?

A: I feel the same way.

B: But there's one thing I'm worried about.

A: What's that?

B: He doesn't have much experience / related / to the position.

A: 코트니, 오늘 아침에 우리가 인터뷰한 지원자에 관해 어떻게 생각해?

B: 나는 그가 그 일에 관해 긍정적인 태도를 보였다고 생각해. 너는 어때?

A: 동감이야.

B: 하지만 한 가지 걱정되는 게 있어.

A: 그게 뭔데?

B: 그는 그 직위에 관련해서는 경험이 많지 않아.

⚡ Pattern

It says/reads/shows

그것은 말한다/읽힌다/보여준다

- It says miniskirts will be back / in style.

- 미니스커트가 다시 유행으로 돌아올 거래요.

- It says it'll take / about a week / to be delivered / after I order.

- 주문 후 배송되기까지 일주일 정도 걸린다고 합니다.

- It reads well.

- 잘 읽힌다.

- It reads "Do your best".

- "최선을 다하라"고 쓰여 있다.

- It reads like a song.

- 그것은 노래처럼 읽힌다.

- It shows various models.

- 그것은 다양한 모델을 보여준다.

- It shows how much she loves the children.

- 그것은 그녀가 얼마나 아이들을 사랑하는지 보여준다.

💬 Dialogue

It says miniskirts will be back in style

미니스커트가 다시 유행으로 돌아올 거래요

A : What are you reading?

A : 지금 뭐 읽고 있어요?

B : It's an article / about next year's fashion trends.

B : 내년 패션 트렌드에 대한 기사예요.

A : So, what does it say is going to be popular?

A : 그럼 어떤 것이 인기를 끌 것이라고 하나요?

B : It says miniskirts will be back / in style.

B : 미니스커트가 다시 유행으로 돌아올 거래요.

A : Oh, that's good. What else does it say?

A : 아, 좋네요. 또 뭐라고 쓰여 있는데요?

B : It says that tracksuits will be even more popular / among women / than they were this year.

B : 여성들 사이에서 올해보다 트레이닝복이 훨씬 더 인기를 끌 것이라고 하네요.

⚡ Pattern

I won't

- I won't forget anything next time.
- I won't do it / again.
- I won't be late / again.
- I won't be happy / without you.
- I won't be able / to join the tour / this time.
- I won't be able / to make it / this week.
- I won't be able / to finish / by the deadline.

나는 ~하지 않겠다

- 다음에는 아무것도 잊지 않을게요.
- 다시는 그렇게 하지 않을게요.
- 다시는 늦지 않을게요.
- 난 너 없이는 행복하지 않을 거야.
- 이번에는 투어에 참가할 수 없을 것 같아요.
- 이번 주에는 그것을 해낼 수 없을 것 같아요.
- 마감 시간까지 끝낼 수 없을 거예요.

⚡ Dialogue

I won't forget anything

A: Would you care for some dessert?

B: No, thank you. May I have the bill, please?

A: Of course. Did you enjoy your meal?

B: For the most part. The coffee wasn't very good, though. I asked for sugar, / but you forgot to bring it.

A: Did I? I'm so sorry. We've been very busy today. I won't forget anything next time.

아무것도 잊지 않을게요

A: 디저트를 좀 드시겠습니까?

B: 아뇨, 괜찮아요. 계산서를 받을 수 있을까요?

A: 물론입니다. 식사는 맛있게 하셨나요?

B: 대부분은요. 커피는 별로였지만요. 설탕을 달라고 했는데, 깜빡하고 안 가져오셨네요.

A: 그랬나요? 정말 죄송합니다. 저희가 오늘 매우 바빴어요. 다음에는 아무것도 잊지 않을게요.

강성태

크리스 존슨 · 서미소랑 감수
강성태 지음

CONVERSATION

ENGLISH

66일

당신의 영어가
습관이 되기에
충분한 시간

영어회화

듣기를 못 해도 문법을 외우지 않아도
영어회화의 99%가 해결된다!

다산북스

아침 알람음 하나로 회화가 가능해진 66일 공부법

재밌어야 제대로 된 영어 회화 공부다

내 영어를 바꾼 기적의 아침 습관

기상 시각, 매일 새벽 6시. 이부자리에서 간단한 스트레칭을 한 뒤 물과 함께 매스틱 검 두 알을 삼킨다. 찬물 세수만 하고 6시 30분에 라이브 방송을 켠다. 공신 유튜브 채널의 백색소음 ASMR을 틀어놓고 공부를 시작한다. 〈스터디 윗미〉, 즉 함께 공부하는 방송이다.

함께 공부하며 조금이나마 학생들을 공부시키고자 선택한 나의 아침 일상이다. 새벽 공부는 누구도 방해하지 않아 집중하기 좋고, 갑작스러운 일정에 영향을 받지 않아 습관 만들기에 매우 좋다. 남보다 앞서 시작한다는 성취감이 그날 하루 전체에 긍정적인 영향을 주기도 한다.

이는 『강성태 66일 공부법』에 나오는 '습관을 만드는 5가지 법칙' 중 하나인 '아침 습관이 하루 전체를 좌우한다'는 메시지를 실천하는 것이기도 했다.

그런데 내 기상 알람 소리는 좀 독특하다. 영어 리스닝, 즉 영어 듣기평가 MP3다. 처음에는 더 좋은 강의를 하기 위해 매년 영어 듣기에 어떤 문제가 출제되는지 완전히 파악하고 싶어서 틀어놓았다. 그런데 가만히 생각해보니, 잠을 깨는 데 이보다 나은 방법이 없었다.

좋아하는 가수의 음악을 들으며 일어나본 적도 있다. 하지만 듣기평가만큼은 효과가 없었다. 수능의 경우 '1번, 대화를 듣고 남자의 마지막 말에 대한 여자의 응답으로…'라고 시작하는 성우의 목소리가 나오면 아직도 정신이 '번쩍' 든다. 누구나 마찬가지겠지만 학창 시절에 치르던 듣기평가만큼 신경을 곤두서게 하는 일도 없을 테니까. 어떤 날은 내가 정말 수능 듣기평가 중에 잠든 줄 알고 소스라치게 놀라 깬 적도 있다.

그런데 점점 알람을 끄지 않고 계속 틀어놓는 날이 많아졌다. 다음에 나올 문제가 궁금하기도 했다. 나중에는 아예 반복 재생시켜놓았다. 그렇게 하루 이틀이 지나고 몇 달 몇 년이 가면 어떻게 되겠는가? 어느 정도 외우고 말할 수 있게 된다. 음악도 계속 듣다 보면 나도 모르게 흥얼거리게 되는 것처럼.

마치 연극배우라도 된 듯, 나는 종종 대화 속 인물처럼 화가 난 목소리로 따라 말하기도 하고, 기쁜 감정을 실어 대답해보기도 했다. 나중에는 A의 대사만 듣고도 대화 상대방인 B가 이어서 할 말이 저절로 떠오를 정도가 되었다. 나의 하루를 여는 영어 듣기는 수능뿐만 아니라 좀 더 난도가 높은 토익, 텝스, 토플의 듣기평가 지문까지 점차 범위를 넓혀가게 되었다. 이는 『강성태 66일 공부법』의 또 다른 습관 법칙인 '이미 습관처럼 반복되는 일상에 붙여 새로운 습관을 만들라'는 법칙을 실행하는 것이었다. 매일 반복되는 기상 루틴에 영어회화를 붙이니 자동으로 새로운 습관이 돼버린 것이다.

결과적으로 놀라운 일이 벌어졌다. 전에 들었던 영어 대화와 비슷한 상황을 일상에서 맞닥뜨리게 되면 관련 영어 표현들이 저절로 연상되었던 것이다.

생각해보면 당연한 일이었다. 리스닝 시험에 아무 대화나 출제하겠는가? 수능 영어 듣기만 해도 반드시 알아야 할 필수 중의 필수 표현들로만 구성된다. 지역, 세대, 인종과 관계없이 언제 어디서나 활용할 수 있는, 그야말로 가장 필수적이고 보편적인 표현만 추리고 추린 예문들이다. 이 정도만 확실히 알아도 일상에서 기본적인 대화를 하는 데는 문제가 없다.

나는 애초에 회화 공부를 할 생각이 없었다. 다만 수능 영어 듣기 문제를 완전히 숙지하려는 것이 목표였다. 그런데 의도치 않게 큰 수고도 없이 영어회화가 가능한 경지에 이르렀다. 영어회화에 가장 좋은 교재로 66일 습관을 만들어 공부한 덕분이다.

왜 그 사실을 몰랐을까? 듣기평가 지문이 가장 좋은 영어회화 대화문임에도 말 그대로 '듣기'만 하고 치워버렸다. **듣기 공부에 쏟은 노력을 바탕으로 조금만 더하면 금세 회화가 가능한 수준이 될 수 있는데 이 얼마나 낭비인가?** 매년 수백만 명의 수험생이 듣기 공부를 열심히 하고도 나중에 큰돈을 들여가며 다른 내용으로 새로 또 공부를 하고 있다.

하루는 혼자 떠들다 보니 독특한 생각이 들었다. 'A와 B 두 사람의 대화에서 A의 대화를 듣고 B의 역할은 내가 해보면 어떨까?' 하는 재밌는 아이디어였다. 간단한 학습기를 만들면 좋겠다 싶어 바로 공신닷컴 개발팀에 제작을 의뢰했다.

이것이 바로 공신닷컴에서 실제 원어민 성우와 대화하는 효과를 낼 수 있는 '원어민 1:1 영어회화 학습기'다. 여기에 공신들의 공부법을 적용한 오답노트 기능까지 추가했다. 이 책을 공부하는 이상 여러분도 이 기능을 무료로 사용해보겠지만 이보다 더 효율적인 학습법은 없음을 알게 될 것이다.

공부의 희열을 느끼면 영어가 저절로 된다

아침 습관 덕분에 어느 정도 회화에 자신감이 붙으니 그때까지 경험해보지 못한 변화가 찾아왔다. 영어로 된 영상을 더 많이 보고 싶었고, 누군가와 영어로 말하고 싶었다. 너무나도 대화하고 싶었다. 다른 언어로 대화하는 것 자체가 이렇게 기쁘고 재밌는 일이었다니! 이쯤 되니 영어는 더 이상 공부가 아니었다. 게임 혹은 놀이였다.

다른 생명체와 달리 인간은 어떻게 언어를 습득할 수 있는 것일까? 보상을 통한 강화로 언어를 터득하게 된다는 행동주의 이론부터 선천적으로 언어 습득 장치Language Acquisition Device가 탑재되어 있다는 놈 촘스키Noam Chomsky의 생득주의 이론, 장 피아제Jean Piaget와 레프 비고츠키Lev Vygotsky로 대표되는 상호작용주의 등 각각의 이론마다 의미가 있지만, 내가 직접 깨달은 언어 습득의 핵심을 한마디로 표현하면 '기쁨'이었다. **남의 이야기를 알아듣고 내 생각을 말로 표현할 수 있다는 것, 영어회화를 마스터하신 분들은 그 기분을 알 것이다.** 그것은 너무 짜릿한 일이다.

왜 이런 기쁨을 좀 더 일찍 느끼지 못했을까. 정말 언어 학습은 나이와 직책을 막론하고 모든 사람이 살면서 꼭 도전해봐야 할 일이라는 생각이 들었다. 신기한 것은 그전까지 회화에 전혀 재미를 느끼지 못했다는 점이다. 그러다가 리스닝 기출문제로 습관을 만들고 나니 완전히 다른 경지가 펼쳐졌다.

나는 사실 영어회화 공부를 할 필요가 없는 사람이다. 심지어 돈을 벌려고 한다면 이런 영어회화책을 쓰면 안 된다. 대치동에서 입시 컨설팅을 하거나 족집게 강의를 해야 한다. 그런데도 이렇게 영어회화 강의를 하고 책을 쓰는 이유가 있다.

바로 언어 학습에서 오는 기쁨을 여러분도 느끼게 해주고 싶어서다. 지금 여러분은 시험 성적을 잘 받으려고, 혹은 취업하려고, 혹은 해외여행을 가려고 이 책을 펼쳤을 것이다. 다 좋다. 그런데 살면서 언어 공부가 주는 기쁨을 느껴보지 못하는 것은 너무 아쉬운 일이다.

66일이면 된다. 속는 셈 치고 두 달 정도만 해보자. 66일만 지속하면 공신닷컴 강의도 무료로 들을 수 있을 뿐 아니라 영어 공부가 습관이 될 수 있다. 이 도전에 참여한 공신닷컴 수강생들은 하나같이 66일 도전 이전의 삶을 상상하기 어려울 정도라고 입을 모은다. 누구든지 도전 뒤에는 새로운 세상이 열리고 지금까지 느껴본 적 없는 기쁨을 맛보는 경험을 하게 될 것이다.

2500여 년 전 공자도 『논어』에서 이와 비슷한 이야기를 한 적이 있다. "천재도 노력하는 자를 이길 수 없고, 노력하는 자도 즐기는 자를 이길 수 없다"라고. 여러분은 즐길 준비가 되었는가? 66일 뒤, 영어는 더 이상 지겨운 학습 과제가 아니라, 여러분 일상의 충만한 기쁨이 되어 있을 것이다.

66일 영어 입트기 프로젝트를 완성하는

❶ 대칭형 66일 학습

영어와 우리말 해석이 좌우 대칭으로 분리되어 있어 수시로 테스트할 수 있다. 단순히 여러 번 읽기만 하는 것보다 기억률이 2.5배 이상 높아진다.

❷ 의미 단위로 익히는 청킹 슬래시

원어민은 긴 문장을 한 번에 말하지 않는다. 그렇다고 한 단어씩 말하지도 않는다. 의미 덩어리인 청킹(Chunking)을 덧붙이며 말한다. 구조를 알면 긴 문장도 자유롭게 말할 수 있다.

❸ 60개 기본 패턴·180개 확장 패턴·1000여개 예문과 대화문

공신력 있는 다양한 영어 듣기 지문에서 최다 빈출 패턴 60개를 추출했다. 〈Pattern〉편에서는 회화의 99%에서 활용되는 패턴을 익히고, 문장을 만들어본다. 〈Dialogue〉편에서는 해당 문장을 실전에 가까운 다양한 상황의 대화문을 통해 습득한다.

▲ 〈Pattern〉편

▲ 〈Dialogue〉편

★ 외우지 않아도 되는 영어회화 필수 영문법

문법은 영어식 사고방식의 기초가 되기 때문에 회화 실력을 늘리는 데도 매우 중요하다. 영어회화에 필수인 영문법에 암기하지 않아도 암기되는 공신의 비법을 녹여냈다.

★ 가리개형 책날개 & 패턴 인덱스

오늘 학습한 쪽에 책날개를 끼워두면 내일은 복습으로 공부를 시작할 수 있다. 책날개를 펼치면 Day별 학습 패턴이 한눈에 들어온다. 빠르게 찾고 수시로 익힐 수 있다.

★ 복습용 미니북

이 책은 60일간 매일 패턴을 익히고 10일마다 복습해주면 1회독하는 데 정확히 66일이 소요된다. 자율적인 복습을 위해 복습용 미니북이 제공된다. 셀로판 필터로 일부 표현을 보지 않고 말해볼 수도 있다.

❹ 영어 어순에 따른 청킹 해석

우리말 해석을 영어 어순으로 구성했다. 영어식 사고방식이 몸에 밸 때까지 익숙해져야 한다. 왼쪽을 책날개로 가리고 영어로 말할 수 있는지 체크☑해볼 수 있다. 우리말 어순의 해석 또한 미니북에서 제공한다.

❺ 책 한 권을 더 산 듯한 효과 느낌빡!

해당 쪽을 완벽하게 이해하도록 문법, 어원, 뉘앙스, 문화적 배경, 콩글리시 등 다양하고도 중요한 설명을 더했다. 무릎을 팍 치고 느낌이 '빡' 오는 것들로 채워 넣었다.

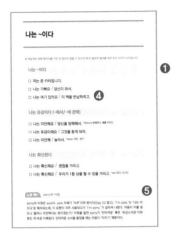

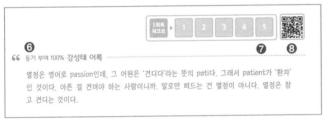

❻ 동기 부여 100% 강성태 어록

66일간 영어회화 습관력을 높이는 결정적 열쇠는 강한 동기 부여에 있다. 따끔한 팩트폭행부터 진심 어린 응원까지 담았다. 지치고 힘들 때 정신이 번쩍 들게 해줄 것이다.

❼ 성취감 올라가는 5회독 체크표

평균적으로 5회독을 반복하면 장기 기억으로 전환된다. 매 학습 일마다 5회독 체크표를 마련해두었다. 한 번 볼 때마다 X로 표시하여 5번 읽기를 실천하라. 목표가 명확할수록 성취감도 커진다.

❽ MP3/공신 직강/회화 학습기까지 꽉 채운 QR코드

QR코드 하나로 손쉽게 MP3, 공신 직강, 원어민 1:1 영어회화 학습기에 접속할 수 있다. MP3는 영어뿐 아니라 한국어까지 지원하며 셔플 기능을 도입했다. 원어민 1:1 영어회화 학습기는 공신닷컴에서 자체 개발한 디지털 회화 학습기로, 원어민과 언제 어디서든 대화를 연습할 수 있다.

Contents

Part I
학습 효율 200% 높여주는 영어회화 공부법

Part Ⅱ
강성태와 함께하는 전 국민 영어 입트기 66일 챌린지

학습 효율
200% 높여주는
영어회화 공부법

손정의가
영어를 정복한 비결

한때 세계 부자 1위로 등극했던 한국인이 있다. 바로 손정의 다. 현재 국적이 일본이고 사업 방식에 대해서도 많은 이견이 있 지만, 일본 안에서 한국 출신이란 차별을 이겨내고 세계 최고의 기업가로 우뚝 선 점은 누구나 인정할 것이다. 전 세계 수많은 기업에 투자하고 수십조에 달하는 거래를 성공시켰다.

그런데 그에게는 통역사가 따로 없다. 본인이 직접 영어로 각 종 협상을 진행한다. 일본의 「니혼게이자이신문(닛케이)」이 그의 영어 실력을 분석했는데, 그 결과는 믿기 어려울 정도였다. 그의 영어 실력은 딱 중고등학교 교과서 수준이었다. 그가 사용하는 영단어는 고작 1480개였고, 활용하는 영어 패턴도 얼마 되지 않 았다. 하지만 그것으로 세계 최고의 부자가 되었다.

손정의의 사례만 봐도 얼마나 많은 표현을 공부하는지가 중 요한 것이 아니다. 영어 실력은 얼마나 '중요한' 표현을 집중적 으로 공부하는지가 좌우한다. 이 책의 목표는 단 하나다. 기본적 인 소통이 가능한 수준을, 최소한의 학습만으로 가장 빠른 시간 에 달성하게 하는 것.

영어회화 학습에서는 자신의 수준을 파악하고 욕심을 버리는 것이 매우 중요하다. 다들 당장이라도 원어민 수준으로 영어를 말할 수 있기를 바란다. 그래서 처음부터 자신의 실력보다 훨씬 수준 높은 회화에서 사용되는, 많은 표현을 공부하려 한다. 하지만 한꺼번에 많은 정보를 집어넣으면 헷갈리기 쉬운 데다가 실제로 써볼 기회도 부족하니, 기억에 제대로 남지 않는다. 공부해야 할 양도 부담이 되니, 하지도 않으면서 스트레스만 받는다. 많은 사람이 회화 공부에 실패하는 이유 중 하나다.

나는 입시 분야에서 가장 잘 알려진 사람이다. 입시는 일분일초가 생명이다. 회화도 입시와 다르지 않다. 이것저것 공부할 것을 많이 던져주는 강사는 하수에 가깝다. 고수는 시험에 나올 것만 딱 골라준다. 한 장만 공부해도 백 점을 맞을 수 있다. 최소한 합격하는 데는 문제가 없다. 그걸 우린 '족집게'라 부른다.

나는 수능 주관식 정답을 몇 번 예측하여 맞힌 적이 있다. 객관식이 아닌 주관식은 나올 수 있는 답이 무한대에 가깝다. 사실상 불가능한 일이다. 비결이 무엇일까? 예측했던 과정을 아예 영상으로 찍었던 적도 있는데, '강성태 주관식 정답'으로 검색하면 볼 수 있다. 보신 분들은 알겠지만 비결은 '데이터'다. 그렇다면 영어회화도 데이터로 접근해 족집게 강의를 할 순 없을까?

각종 리스닝 시험문제가 매우 중요한 회화 표현들로만 추려진다는 사실에는 누구나 동의할 것이다. 하지만 그것만 해도 양이 엄청나게 많다. 공신닷컴은 이 어마어마한 데이터를 학습하기 가장 편한 형태로 만들고자 했다.

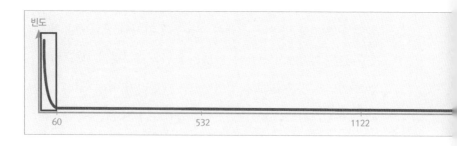

위 그래프는 모든 대화 내용을 빅데이터를 통해 분석한 결과다. 가장 많이 사용되는 패턴부터 빈도순으로 나열한 것이다. 소름 돋을 정도로 일부 표현들에 사용이 집중된다. 이 분석을 진행한 모두가 경악했다. 영어회화는 2080법칙이라고도 불리는 '파레토법칙'(사회 전반에서 일어나는 현상의 80% 이상은 20%의 원인 때문에 발생한다는 내용의 경험법칙)의 완전한 사례이자, 빈익빈 부익부이자 양극화의 끝판을 보여준다고 보면 된다.

그래프를 통해 손정의 회장이 몇 안 되는 영어 패턴으로 어떻게 성공할 수 있었는지 그 이유를 알 수 있었다. 결국 사람들은 쓰는 말만 자주 쓴다. 이 책은 그래프에서 빨간 박스에 해당하는 패턴들, 즉 많이 쓰이는 정도가 아니라 압도적으로 많이 쓰이는 패턴들을 가장 효과적으로 학습할 수 있도록 세심하게 설계된 책이다. 가장 적은 노력으로 최대의 효과를 얻기 위해서다.

이렇게 집요하게 모든 데이터를 갈아 넣어 분석하게 된 계기가 있다. 영어회화책을 집필하기로 마음먹고 나서 시중의 모든 회화 서적을 분석해보았다. 거의 모든 책에서 하나같이 '가장 많

순위 5252 5842

이 쓰는 회화 표현'을 뽑았다고 주장했다.

그런데 베스트셀러조차도 막상 자세히 들여다보면 실망스러운 경우가 대부분이었다. 가장 중요한 표현들을 모아두었다면서 평생에 한 번 쓸까 말까 한 표현들이 목차에 버젓이 들어가 있었다. 시험으로 치면 시험에 나오지 않을 것들이 수두룩한 셈이었다.

표현들은 죄다 저자 개인의 주관적인 판단에 근거해 골랐거나 주변 원어민 몇 명에게 물어 선정했다는 식이다. 이러니 출간 당시 큰 관심을 끌었으나 사실상 소멸된 신조어도 있었다. 통계적, 과학적으로 접근한 책은 사실상 전무했다. 실제 우리가 빅데이터를 토대로 분석한 결과와도 차이가 너무 컸다.

만약 입시판에서 교재를 그런 식으로 썼다면, 그 책은 반드시 망한다. 일분일초라도 아껴야 하고 단 1점 차이로도 합격과 불합격이 나뉘어 인생이 바뀌는 게 바로 입시이기 때문이다. 하지만 시간이 귀한 게 어디 입시생뿐이겠는가.

감히 말하건대, 이 책은 최고의 영어회화 교재다. 지금껏 10권도 넘는 베스트셀러를 냈지만, 단연 이 책이 최고일 것이다. 공신 강성태가 쓴 책이라서? 아니다. 오히려 강성태가 고른 표현들이 아니기 때문이다. 내 주관이 아닌, 빅데이터가 고른 표현들이다. 지금까지 시도된 것 중 가장 많은 데이터를 기반으로 탄생한 책이기 때문이다. 숫자는 거짓말을 하지 않는다.

빅데이터 분석으로 탄생한 패턴이 끝이 아니다. 예문을 제작하는 데는 AI 기술이 적용됐다. 물론 대부분의 예문은 실제 리스닝 기출문제에서 가져온 것들이다. 그 외 예문들은 현존하는 최고의 인공지능 기술을 토대로 한 오픈AI의 'GPT-3'(1750억 개 파라미터)를 통해 인간이 가장 흔히 사용하는 회화 문장을 생성했다.

'과연 최적의 방법이 적용된 것일까? 시간 낭비는 아닐까?' 독자들은 이런 고민을 하기 마련이다. 책값 때문만은 아닐 것이다. 책을 사면 많은 시간을 들여 그 책을 읽어야 하니까, 독자들의 그런 마음을 누구보다 잘 안다.

하지만 최소한 그 고민은 내려놔도 될 것이다. 이 책의 내용은 과학과 통계를 토대로 구성되었으며, 영어 강사이기 전에 학습법 전문가인 저자가 보장하는 가장 효율적인 방식이 적용되어 있다. 이 책의 사소한 부분 하나하나 학습의 효율을 고려하지 않은 곳이 없다. 단 0.001%의 효율이라도 높이기 위해 모든 수단을 동원했다.

하나를 배우면 열을 알게 되는
영어 공부법

패턴은 회화에서 일종의 '뼈대'와 같다. 일단 이 패턴을 단단히 장착하면 여러분이 하고 싶은 말만 갈아 끼우면서 곧바로 영어로 말할 수 있다. 실제로 우리말을 구사할 때만 생각해봐도 자주 쓰이는 말투나 구문이 분명히 있다. 그것을 각기 다른 상황에서 다양하게 변형시켜 표현할 뿐이다.

예를 들어 'How about -ing' 패턴의 경우, 보통 '~하는 게 어때요?'라고 해석된다. 여기에 아래처럼 각 상황에 맞춰 괄호에 들어갈 단어만 바꾸면 얼마든지 다양한 의미를 전달할 수 있다.

How about (Korean food)?
어때요 (한식)? *함께 갈 식당을 정하려는 상황

How about (buying a travel guidebook)?
어때요 (여행 가이드북을 사는 것이)?

How about (next Wednesday at 3:00)?
어때요 (다음 주 수요일 3시에)? *서로 만날 약속을 정하려는 상황

이 책은 수없이 많은 영어 표현 중 가장 많이 사용되는 패턴 1위부터 60위로 구성되어 있다. 하지만 60위까지라고 해서 단

순히 60개가 아니다. 60개의 기본 패턴을 공부하면 180개의 확장 패턴을 함께 습득할 수 있게 설계되어 있다. 이게 끝이 아니다. 180개의 확장 패턴은 1000여 개의 기출 예문과 AI가 추출한 문장을 학습하도록 자동 연결된다.

이렇게 학습한 문장은 실제 우리의 일상에서 그대로 가져온 듯한 대화문 속에 포함되면서 또다시 확장된다. 그뿐 아니라 이미 공부한 패턴의 예문이 다른 패턴을 공부할 때 다시 등장하기도 한다. 한 번 공부했던 내용이 카메오처럼 불시에 나와 보는 이를 집중시킨다. 반갑기도 하고, '어 여기 또 나왔네' 하면서 한 번 더 보게 되면 기억에 더 잘 남을 수밖에 없다.

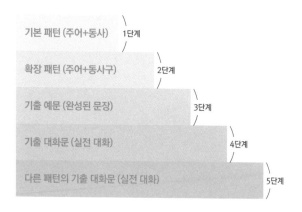

아이들의 언어 습득 과정을 보면 '~해도 돼요?'라는 말이 제법 익숙해진 다음에는 '먹어도 돼요?' '입어도 돼요?' '놀아도 돼요?' 등 구사할 수 있는 표현이 폭발적으로 늘어난다. 패턴 하나

를 아는 것도 대단한 발전이지만, 거기서 끝나면 너무 아깝다. 패턴으로 공부하면 하나의 패턴에서 시작해 '~할 수 있나요?' '~할 건가요?' '~했을까요?' 등 다양하게 변형시켜 확장해나갈 수 있다.

하나를 배우면 열을 알 수 있다는 말을 실감하게 될 것이다. 이 책에서 안내하는 대로 회화를 공부하다 보면, 어떻게 하나의 패턴이 완전한 문장이 되고, 더 나아가 실제 대화에서 어떻게 사용되는지를 자연스럽게 체득할 수 있다.

이런 구성의 또 다른 장점은 저절로 복습이 된다는 점이다. 아무리 좋은 영어 표현을 담은 책이라도 복습을 하지 않으면 말짱 꽝이다. 하지만 여러분이 느끼지도 못하는 사이에 5단계를 지나며 다섯 번까지 복습하는 효과를 거둘 수 있다. 학습 부담은 최소화하고 가장 큰 효율을 얻을 수 있다.

한 번이라도 수능 시험을 본 적이
있다면 누구나 할 수 있다

이 책은 영어 공부를 처음 시작하는 사람은 물론, 영포자나 영어 공부를 다시 시작하려는 모든 이를 두 팔 벌려 환영한다. 특히 한 번이라도 수능 시험을 본 적이 있다면 영어회화에 성공할 수 있다고 말해주려 한다. 중학교 영어 시험을 비롯해 토익, 텝스, 토플 등의 시험도 마찬가지다. 리스닝 대화문을 기반으로 한 회화 공부에는 엄청난 장점들이 있기 때문이다. 영어회화를 잘할 수 있는 열쇠는 이미 당신 안에 있다!

전 세계 최고 영어 학습 전문가들의 집단 지성

토익, 토플, 수능 모두 최고의 전문가들만이 출제 위원이 될 수 있다. 수능만 봐도, 출제·검토 위원들이 모처에서 감금 생활을 하다시피 하며 문제를 만든다. 숙박비만 26억여 원이 든다. 시험 중엔 비행기 이착륙도 금지되는데, 이는 전 세계 공항 스케줄에 영향을 준다.

단언컨대 수능 문제로 회화를 공부한다면 그게 가장 비싼 회화 교재다. 공신력 측면에서 다른 책과 비교할 수조차 없다. 또 이런 신뢰감은 우리가 확신을 갖고 공부하게 해준다.

시간이 지나도 불변하는 영어 필수 패턴

교과서가 중요하다는 말은 전국 수석의 뻔한 단골 멘트가 아니다. 손정의 회장처럼 중고등학교 영어 교과서만 마스터해도 일상에서 영어로 소통하기에는 충분하다. 특히 듣기평가는 교과서 내용 중에서도 반드시 알아야 할 가장 핵심 구문들로 구성한다. 사용 빈도순으로 기출 패턴들을 익힐 수만 있다면 기본적인 회화를 위한 더 이상의 좋은 공부 자료는 없다.

학창 시절 공부했던 지문들로 거두는 높은 학습 효율

기출문제에서 뽑은 회화 지문의 최대 강점은 친숙함이다. 여러분은 이미 학창 시절 듣기평가 공부를 한 적이 있다. 다시 영어회화 공부를 하기로 마음먹었다면 새로운 내용으로 공부하는 것보다 익히 접했던 리스닝 지문을 다시 보는 것이 훨씬 효과적이다. 모든 시험은 임박한 시점에 새로운 내용을 공부하지 않는 것이 정석이다! 한 번이라도 본 것을 다시 보는 것이 압도적으로 효율적이기 때문이다.

회화 공부로 듣기 실력 향상까지

기출문제 중에서도 리스닝 파트에 가장 많이 등장하는 표현 순으로 회화 공부를 하면 듣기 실력이 자동으로 향상된다. 듣기 실력을 가장 빨리 높이는 방법은 아이러니하게도 '듣기'가 아니다. '말하기'다. 내가 발음할 수 있는 표현은 알아듣기도 쉽기 마련이다! 일방적으로 듣기만 해서는 실력이 더디게 쌓이고 집중도 잘 안된다. 언어를 배운다면서 한 번도 입 밖으로 내뱉어보지도 않고 공부하는 게 말이 되는가? 안타깝지만 그게 우리 영어 교육의 현실이다.

최적의 난이도로 누구나 자신 있게 마스터 가능

기출문제로 만든 교재는 영어 공부에서 몇 번 실패를 경험한 뒤 다시 도전하려는 사람에게는 물론, 처음 시작하는 사람에게도 학습 부담을 주지 않는다. 범죄 스릴러 미드에 나오는 괴상한 표현도 아니고, 실제 쓸 일이 없는 신조어도 아니며, 함축적인 데다가 종종 문법을 어기기도 하는 힙합 가사도 아니다. 오히려 약간 쉽다고 느낄 정도라서 학습 의욕을 해치지 않고, 최대의 학습 효과를 얻을 수 있는 적당한 난이도다.

식사 시간마다
자동으로 공부가 되는 회화맵

강성태 영어 시리즈(『강성태 영단어 어원편』『강성태 영문법 필수편』 『강성태 영어독해 속독편』)를 보신 분들은 어원맵, 문법맵, 속독맵을 통해 이미 엄청난 학습 효과를 거두었다. 마인드맵 방식을 적용한 영어 학습법으로, 각종 방송에서 숱하게 나오며 검증된 학습법이다.

이 책 역시 학습 효율을 극대화하기 위해 책 한 권의 내용을 단 한 장으로 압축했다. 바로 회화맵이다. 회화맵은 족집게이자 커닝 쪽지다. 농담이 아니라 정말 커닝 쪽지처럼 활용해도 좋다. 이 책으로 공부한 뒤 회화맵을 참고해 외국인에게 말을 걸어보라.

회화맵을 여러분이 늘 식사하는 장소에 붙여둬라. 공신닷컴에서도 무료로 다운로드받을 수 있으니, 출력해서 책상 앞이나 방문 혹은 화장실에 붙여놓고 수시로 익혀라.

공신닷컴에서 오랫동안 강의를 하며 늘 깨닫는 사실은 수강생들 모두 저마다의 이유로 바쁘다는 것이다. 영어 과목 외에도 공부할 게 많은 학생들은 물론이고 일과 공부를 병행해야 하는 직장인들까지, 출근 시간이나 퇴근 후 시간을 쪼개 애를 쓰는 분들이 많다는 것을 잘 알고 있다. 하지만 어렵사리 책을 펼쳐 들어도 이미 지치고 힘들어서 그냥 SNS만 보다가 마는 경우가 대부분이라는 점도 잘 알고 있다.

영어회화는 한두 번 복습으로는 부족하다. 많이 쓰는 정도가 아니라 매일 써야 한다. 그래서 별도로 제작한 것이 회화맵이다. 회화맵을 활용한다면 '저절로' 연습이 된다.

앞서 언급했지만 '이미 습관처럼 반복되는 일상에 붙여 만든' 습관의 힘은 강력하다. 이미 습관처럼 반복하는 일에 무엇이 있는가? 대표적인 것이 식사다. 하루 세 번씩 하루도 빠짐없이 지키는, 이미 습관이나 다름없는 일상이다. 당장 나조차도 어머니 생신은 잊어버리는 불효자식이지만, 삼시 세끼는 까먹었던 적이 별로 없다.

여러분이 해야 할 일은 단지 회화맵을 식탁 옆에 붙여놓고 밥 먹을 때마다 쳐다보는 것이다. 함께 식사하는 가족이나 친구를 대화 상대방으로 삼아 말해보라. 인형이나 좋아하는 연예인의 사진, 내 사진을 붙여놓아도 좋다. 이들이 나와 가까운 관계라고 여기고 대화를 나누면 더욱 실감 난다. 이때 기존 예문에서 내 상황에 맞는 단어를 갈아 끼우며 여러분만의 표현을 만들어보면 더 좋다. 떠오르지 않으면 사전을 찾아보면 된다. 시험이 아니니 스트레스받을 필요도 없다. 이렇게 대화를 하다 보면 혼밥도 외롭지 않고 식사도 더 천천히 할 수 있다.

게다가 사람은 누구나 먹을 때 집중이 잘된다. 먹으면서 자는 사람은 보지 못했을 것이다. 사람은 신체 구조상 무언가를 씹을 때 집중도가 올라간다. 두뇌에 자극을 주는 가장 직접적인 관절이 턱관절 아닌가. 그 때문에 난 수험 생활을 하던 때도 식사 시간에 공부를 참 많이 했다. 이게 습관으로 굳어져버려 먹을 때 뭔가를 읽지 않으면 불안할 지경이다.

식사 시간까지 간섭하는 지독한 저자라 생각할지 모르겠지만 효과는 매우 크다. 한 장짜리라고 해서 결코 가볍게 생각하지 않길 바란다. 다시 한번 강조하지만, 여러분이 해야 할 일은 단 하나, 지금 당장 몸을 움직여 회화맵을 곳곳에 붙이는 것이다. 이조차 내일로 미룬다면, 언젠가 정신을 차렸을 때 이미 내년이 되어 있음을 깨달을 것이다.

원어민 과외보다 효과 있는
원어민 1:1 영어회화 학습기

언제 어디서나 활용할 수 있는 원어민 1:1 영어회화 학습기를 여러분들에게 제공할 수 있어 매우 기쁘게 생각한다. 효과가 매우 좋아서 공신닷컴 외부로 공개하는 날을 손꼽아 기다렸다. 회화책에서 학습기까지 제공하다니, 배보다 배꼽이 더 큰 일이다. 꼭 함께 제공해야 하는 것도 아닌데 굳이 개발한 데는 그만한 이유가 있다.

통암기, 현실적으로 불가능하다

회화 공부법으로 영화 한 편 혹은 책 한 권을 통째로 암기하기를 추천하는 분이 정말 많다. 물론, 그렇게 할 수 있으면 더없이 좋다. 하지만 공신닷컴에서 15년 넘게 강의해오면서 이를 해내는 사람은 거의 보질 못했다. 혹시 그런 분이 있다면 연락 주시길 바란다. 내 유튜브 채널에 꼭 초대하고 싶다.

게다가 통으로 외우려면 어떻게 해야 하는지, 그 구체적인 방법을 알려주지 않는 경우가 대부분이다. 결국 실패하고 자책하는 분들을 너무 많이 봐서 마음이 아프다.

모든 방법이 마찬가지지만, 특히 공부법은 아무리 이상적일지라도, 실천하기 어렵다면 소용이 없다. '통으로 외우면 됩니다'라는 메시지는 간단하고 명쾌하지만, 이런 식이면 어떤 공부법도 더 알려줄 필요가 없을지 모른다.

특히 통암기의 문제는 효율이 떨어진다는 데 있다. 우린 상황에 따라 맞는 표현만 쓸 줄 알면 된다. 하지만 통암기 학습에서는 상대방이 스물여섯이 아닌 스물다섯 번째 생일을 맞았고, 어릴 때는 당근 케이크가 좋았는데 이제는 오이 케이크를 좋아하게 되었다는 사실도 외워야 한다. 엄밀히 말하면 이건 영어가 아니라 캐릭터의 특징을 공부하는 것이다.

여러 번 읽기만 하는 데는 한계가 있다

그렇다고 외우지 않고 책을 계속 읽기만 하는 것도 한계가 있다. 이미 몇 번 봤던 문장을 반복해서 읽으면 어느 순간부터 우리 뇌는 그 자극에 익숙해져 별다른 활동을 안 한다. 지겨워지고 집중을 못 하고, 심지어 딴생각을 하며 읽어서 무슨 내용인지조차 파악하지 못했던 경험이 있을 것이다. 이때 뇌파를 측정해보면 거의 잠자는 수준이다.

물론 읽는 방식의 학습은 꼭 필요하고 큰 도움이 된다. 다만 실제 대화 상황이 책을 읽는 것과는 다르다는 게 문제다. 실제 대화에서는 책을 보고 읽을 수 없다. 상황에 맞는 말이 여러분의 머리에서 저절로 나와야 한다. 큰 소리로 읽는 훈련을 충분히 한 뒤에는 실전처럼 대화하는 훈련이 필요하다.

가장 효율적인 회화 연습 방식

그럼 실전 대화를 위해 원어민 과외를 해야 할까? 나는 원어민 과외만 해서 영어회화를 마스터한 분을 본 적이 없다. 일주일에 한두 번 고작 1~2시간씩 원어민과 대화하는 것으로 영어 말하기가 완벽해지기는 사실 불가능하다.

그럼 도대체 어떻게 회화를 공부해야 할까? 일단 주어진 내용을 영어로 표현하는 데만 집중하자. 말할 내용에 대한 단서 정도는 봐도 괜찮다. 그것을 보고 바로 표현할 수 있을 정도가 되면 실제 상황에서도 문제가 없다.

이런 연습은 책만으론 할 수 없다. 그래서 연습에 필요한 프로그램을 별도로 만든 것이 바로 원어민 1:1 영어회화 학습기다.

공신닷컴에 접속하여 1:1 영어회화 학습기를 켜면 원어민이 여러분에게 말을 걸 것이다. 여러분은 영어로 대답을 해야 한다. 이미 책으로 공부했던 대화문이기에 무슨 말을 할지 고민하는 데 에너지를 쏟지 않아도 된다. 머릿속에 아무것도 떠오르지 않으면 힌트를 보면 된다. 여러분이 표현할 내용을 한글로 보여주기 때문이다. 이렇게 계속 대화를 주고받으면 된다. 복잡하면 포기하기 쉽기에 사용법이 매우 간단하다.

이게 끝이 아니다. 입시에서 주로 활용하는 '오답노트' 기능을 추가했다. 틀린 표현이나 말하지 못한 표현은 따로 저장된다. 나중에는 그것만 집중적으로 연습할 수 있다.

원어민 과외와 달리, 우린 하루에 10시간도 연습할 수 있다! 과외를 받으러 왔다 갔다 할 필요도 없다. 휴대전화만 있으면 언제 어디서든 공부할 수 있다. 낯선 사람과 대화를 계속 이어나가야 한다는 부담감에 시달릴 필요도 없다. 이런저런 장벽 없이 영어로 표현하는 일 자체에만 집중할 수 있기에 단기간에 실력이 급상승한다.

원어민 과외나 통암기를 하지 말라는 것이 아니다. 능력이 된다면 다 외우고, 원어민 과외도 하루에 10시간씩 받아도 된다. 그저 더 현실적인 방법을 제안하는 것이다.

다만 걱정되는 부분이 있다. 1:1 학습기가 무료라는 사실이다. 공신닷컴을 운영하면서 여러 탁월한 학습 서비스를 무료로 제공해보았다. 그런데 무료일 때 오히려 열심히 하는 사람이 현저히 줄어들었다. '아무 때나 볼 수 있게 해주면 아무 때도 안 본다.' 15년 넘게 함께해온 운영진은 이제 이 말에 이견이 없다. 오죽하면 수강료를 걸고 66일간 공부하면 전부 돌려주는 방식으로 운영하겠는가. 공부를 안 할 수 없게 만들기 위함이다.

부디 여러분이 이 학습기를 수십만 원짜리라고 생각하고 적극적으로 활용해주었으면 좋겠다. 실제로 이런 서비스를 매우 비싼 가격에 제공하는 교육 업체도 많다! 나중에 실전에서 회화를 할 때, 1:1 학습기로 엄청난 효과를 보았음을 깨닫게 될 것이다.

습관을 만들어주지 않는 영어회화는 반드시 실패한다

단군신화에서 곰이 사람으로 변할 수 있었던 비결은 따로 있다. 바로 '100일'이다. 만약 100일이라는 명확한 목표를 제시해주지 않았다면 어땠을까? 몇 년이 걸릴지 모르지만 그냥 버티라고만 했다면? 아예 도전조차 하지 않았을 것이다. 그런데 우리가 습관을 만드는 과정이 딱 그렇다.

사람들이 매년 세우는 새해 계획 1, 2위는 단연 '영어 공부하기'와 '다이어트'다. 성공한 적이 없다. 목표가 모호하니 성공했는지조차 알 수 없기 때문이다. 이러면 동기도 생기지 않는다.

모든 전문가는 명확한 목표 설정을 동기 부여의 최중요 원칙으로 이야기한다. 굳이 전문가의 의견을 빌리지 않아도 우리는 알 수 있다. 목표 자체가 없으면 동기가 생기기는커녕 뭘 해야 할지도 모른다. 하지만 이 책은 제목부터가 '66일', 목표 그 자체다. 오늘 시작하면 끝나는 날짜까지 명확하다.

왜 66일인가? 영국 런던대학교 제인 워들Jane wardle 교수팀에서 습관 형성에 걸리는 기간을 연구했다. 해야겠다고 생각하지 않아도 몸이 저절로 움직이는 데 걸리는 시간은 66일이었다. 평균을 낸 시간이기에 사람마다 격차는 있지만, 공신닷컴에서 지금껏 무수히 많은 수강생의 인생을 변화시키는 데는 66일이면 충분했다.

　영어회화에 성공하려면 무조건 습관을 만들어야 한다. 습관이 형성되지 않으면 아무리 비싼 강의도 소용이 없다. 금세 원상복귀되고 만다. **영어회화 정복에 실패하는 이유가 각자 다른 것처럼 보이지만 결과적으론 습관을 만들지 못했기 때문이다.** 이 책은 설계부터 영어회화를 습관으로 만들기 위해 제작된 최초의 책이다. 습관 달력도 제공한다.

　아시다시피 공신닷컴은 66일간 공부를 하면 수강료를 전부 돌려준다. 단, 공부한 시간과 함께 한 줄씩이라도 '공부일기'를 써야 한다. 일반적인 인터넷 강의 업체는 애초에 엄청난 양의 과제를 주기 때문에 환급 프로그램을 운영해도 학습자가 수강료를 돌려받는 게 거의 불가능하다. 하지만 공신닷컴에서는 하루에 한 장만 공부해도 된다. 대신 매일 지켜야 한다. 그래야 습관이 만들어지기 때문이다.

　오히려 목표를 과도하게 잡았다가 실패하고 좌절하는 것보다 이렇게 작게 시작해서 일단 습관을 만드는 것이 낫다. 그 습관이 여러분을 저절로 공부하게 해줄 테니까.

　그 결과 지난 1년간 공신닷컴 수강생들의 공부 시간을 합치면 923660시간이 된다. 하루 2시간씩 공부했다면 1265년이 넘는다. 통일신라 시대부터 오늘까지 매일 공부했을 때 가능한 시간이다. 누적이 아닌 단 1년간의 기록이다.

지금까지 66일 도전에 성공한 수강생만 수천 명이다. 공부법, 단어, 문법, 독해 등 강의를 무료로 들은 것은 물론이고 99세까지 가져갈 좋은 공부 습관까지 얻었다. 66일 공부법은 SBS 스페셜 〈당신의 인생을 바꾸는 작은 습관〉 편으로도 제작이 되었으니 참고해도 좋다.

여러분은 인생을 바꿀 준비가 되었는가? 곰도 사람이 됐는데, 우리라고 못 할 게 뭐 있는가? 66일은 영어회화에서뿐만 아니라 여러분 인생의 전환점이 될 것이다.

66

대한민국에서 영어는 '신분'이 됐다.
영어 때문에 얼마나 많은 기회를 놓치고,
얼마나 많은 돈을 쏟아부었던가?
격차는 나이가 들수록 더 커진다.
영어 따위로 꿈을 포기할 순 없기에,
영어를 듣고 말할 수 있는 가장 빠른 방법
그 모든 것을 이 책에 쏟아부었다.

99

— 강성태

영어권 사람들의 사고방식부터 알자!
#영어식 뇌 만들기

우리는 종종 본질을 잊은 채 껍데기만 본다. 세상의 많은 문제가 아직도 풀리지 않고 있는 이유다. 영어 공부도 그렇다. 수년 혹은 수십 년이 되도록 영어 때문에 얼마나 많은 고생을 했는가?

하지만 실력은 늘 제자리다. 왜? 본질이 빠져 있어서 그렇다. 언어의 본질은 무엇일까? 언어는 '생각'을 표현하는 도구다. 영어 사용자의 생각, 즉 사고방식을 모르면 언어 학습에 엄청나게 많은 시간과 비용이 들 수밖에 없다. 그렇다면 원어민의 사고방식은 우리와 어떻게 다를까?

왜 영어는 성보다 이름을 먼저 말할까?

가장 먼저 이름부터 살펴보자. 영어에서는 우리말과 달리, 이름을 먼저 말하고 성을 나중에 말한다. '강성태' 대신 'Sungtae Kang'이라고 한다.

성은 내가 속해 있는 가족, 즉 나의 배경을 의미한다. 그래서 'family name'이라고 한다. 가족 전체의 것이자 내가 소속된 집단을 나타낸다. 반면 이름은 나만 가진 것이자 주체인 나 자신을 드러낸다. 이렇듯 영어에서는 주체이자 결론에 해당하는 '나'가 먼저 나오고, 배경에 해당하는 집단은 뒤에 나온다.

영어는 주소나 날짜도 배경이 뒤에 나온다

주소를 보면 우리말은 더 큰 단위에서 시작해 더 작은 단위로 나아간다. 배경의 배경을 먼저 말하지만, 영어는 그와 순서가 완전히 반대다. 즉 지금 내가 존재하는 곳에서 시작한다. 내가 사는 번지수, 동(도로명), 구, 시(군), 도, 국가의 순으로 점차 범위가 넓어진다. 이유 없이 이렇게 쓰는 게 아니다. 사고방식 자체가 다르기 때문이다. 영어에서는 생각의 순서가 주체인 나로부터 뻗어나간다.

날짜를 표현하는 것도 마찬가지다. 우리말에서는 '1983년 2월 4일'처럼 큰 단위인 연도부터 쓴다. 영어는 정반대다. 영국에서는 '4/2/1983', 미국에서는 '2/4/1983' 식으로 쓴다. '월'과 '일'의 순서에 차이가 있지만 배경이 뒤에 오는 원리는 같다.

수학이라고 다를까?

이런 사고방식은 학문적인 내용, 특히 수학 표현에서도 어김없이 드러난다. 피자 한 판이 8조각인데 거기서 3조각을 먹었다. 이를 분수로 나타낼 때, 우리말로는 '8분의 3'이라고 한다. 배경이 되는 전체 피자 조각 개수인 8을 먼저 말한다. 이때도 영어는 정반대로 '3 over 8' 혹은 'three eighths'라고 말한다. 배경을 나중에 말하고 결론이자 핵심인 3을 먼저 말한다.

두괄식을 선호하는 자기소개

'저는 엄하신 아버지와 자애로우신 어머니 밑에서 1남 1녀 중 장녀로 태어나…'라는 구절이 전형적인 한국식 자기소개다. 자신의 배경에 해당하는 가족 이야기가 먼저다. 하지만 영어에서 자기소개는 말 그대로 '자기' 소개다. 자신의 성격이나 특징을 바로 이야기한다. 배경은 아예 생략하기도 한다. 그래서 개인주의와 그것을 기반으로 한 자본주의가 서양에서 먼저 발달했다고 보는 것이다. 말이 이럴진대, 글을 쓰는 방식이라고 다르겠는가? 자기소개서든 보고서든 결론이 앞머리에 오는 두괄식이 기본이다.

한국말은 끝까지 들어봐야 안다

회화책에서 왜 영어권 사람들의 사고방식을 이야기하는지 아직 의아한가? 이제 실제 영어 문장을 보자.

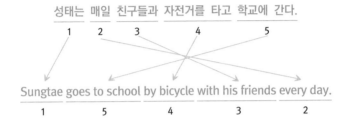

영미 문화권에서 배경은 상대적으로 중요치 않다. 'Sungtae goes…'처럼 '성태가 간다'는 결론부터 말한다. 그다음 중요한 순으로 배경을 나열한다. 어디에 가고, 무엇을 타고 가며, 누구와 가는지, 얼마나 자주 가는지가 뒤이어 따라 나온다.

한국어에서는 배경이 항상 먼저다. 주체에 대한 설명이 배경 안에서 이뤄진다. 그래서 주어가 나온 다음 배경 설명이 바로 뒤따른다. 매일, 친구들과 자전거를 타고, 학교에, 그리고 나서야 결론, 즉 성태가 한 행동이 나온다.

'한국말은 끝까지 들어봐야 알 수 있다.' 이 말이 딱 맞는 표현이다. 결론이 어떨지는 마지막까지 모른다. '성태는 매일 친구들과 자전거를 타고 학교에'까지 들었는데 마지막에 '가지 않는다'라고 말하면 결론은 '안 간다'는 것이다.

영어에서는 이미 주어가 무엇을 했고 어떤 상태인지 말했기 때문에 뒤에 나오는 배경은 주어의 행동에 영향을 주지 못한다. 설령 뒤에 따라오는 내용들을 정확히 못 들었다 하더라도 성태가 가는지 여부, 즉 결론이자 중요한 내용을 이해하는 데는 큰 지장을 주지 않는다.

결국 문장에 들어가는 모든 요소를 영어식으로 주소를 말하거나 쓸 때처럼 나열하면 된다. 이러한 원리를 깨닫지 못하면 영어 실력은 곧 한계에 부딪힌다. 머릿속에서는 주어를 설명해줄 배경부터 찾는 한국어식 사고 회로만 열심히 돌 뿐인데, 정작 말을 할 때는 결론에 해당하는 동사부터 입에서 나와야 하니 더듬거리지 않고 말을 할 수 있겠는가? 듣기나 독해도 마찬가지다. 우리말을 들을 때처럼 '결론은 나중에 나오겠지' 하고 마음 놓고 있으면 핵심은 이미 첫마디에서 휙 지나가버린다.

영어식 사고방식을 이해하면 문법조차도 쉬워진다. 『강성태 영문법 필수편』에서도 이 하나의 원리로 많은 문법 사항들을 설명하고 있다. 그러면 학창 시절, 문법책 첫 페이지부터 발목 잡던 문장의 5형식도 애써 외울 필요가 없어진다.

영어가 안 되는 이유, 가장 중요한 걸 몰라서

자, 이제 10분이 지났다. 여러분은 이제 영어로 말할 수 있다! 주어를 말한 뒤 결론부터 먼저 내뱉어라. 그리고 중요한 정보를 담고 있는 순으로 배경을 덧붙여라. 전치사 등 세부적인 표현은 차차 배워나가면 된다. 모르는 단어는 사전을 찾아보면 된다.

스트레스받을 것 없다. 원어민도 어린 시절부터 이런 시행착오의 과정을 통해 영어를 익힌 것이다. 그들도 무진장 많이 틀리며 영어를 깨쳤다.

여러분이라고 못 할 게 뭐 있는가? 쫄지 마라. 여기까지 이해한 것만으로도 여러분은 엄청나게 발전한 것이다. 그리고 나는 절대 여러분이 실패하게 놔두지 않을 것이다. 본질에서 출발하는 공부는 흔들리지 않는다!

★ 도저히 실패할 수 없는 영어회화 5단계 학습법

 : 영어식 뇌 만들기

1단계: 결론부터 뱉자

이 책에서 제공하는 패턴의 90% 이상이 아래처럼 '주어+동사' 세트다. 이 책으로 공부하고 나면 한국어식 사고방식이고 뭐고 빼도 박도 못하고, '주어+동사'를, 즉 결론부터 말하게 된다.

What do you think...?

2단계: 배경을 추가하자

패턴 학습을 통해 결론부터 말할 수 있게 되면, 남은 것은 배경에 관한 설명이다. 이 책의 모든 예문은 슬래시(/)로 의미 단위의 덩어리, 즉 청킹을 구분해놓았다. 배경 설명이 하나하나 추가될 때마다 아래 예시와 같이 청킹이 하나씩 추가된다.

What do you think .

What do you think / <u>about the applicant</u>?
　　　　　　　　　　　　　　＊배경1

What do you think / about the applicant / <u>we interviewed</u>?
　　　　　　　　　　　　　　　　　　　　＊배경2

What do you think / about the applicant / we interviewed
/ <u>this morning</u>?
　　　＊배경3

배경이 앞에 오는 우리말과 달리 영어는 뒤에 배경 설명이 하나씩 덧붙는 형태이므로 몇 번째 슬래시에서 끊어도 그 앞부분까지는 문법적으로 완전한 문장이 된다. 이는 긴 문장을 표현하는 원리이기도 하다. 영어 문장이 어떤 식으로 길어지는지 완벽히 체득하게 될 것이다.

3단계: 영어식으로 해석하자

영어식 사고방식을 확실히 심어주기 위해 본문의 모든 우리말 해석까지 영어 어순으로 재구성해놓았다. 영어식 어순 구조가 머릿속에 자리 잡으려 하다가도 우리말 어순으로 된 해석을 읽다가 엉망이 되곤 하는데, 이렇게 하면 그럴 일은 없다. 한편 복습용 미니북의 해석은 한국어 어순으로 돼 있으니 매끄러운 해석을 원할 때 참고하면 된다.

What do you think / about the applicant / we interviewed / this morning?

너는 뭐라고 생각하니 / 지원자에 대해 / 우리가 인터뷰한 / 오늘 아침에?

vs.

오늘 아침에 우리가 인터뷰한 지원자에 관해 너는 뭐라고 생각하니?

4단계: 셀로판 필터로 복습하자

이게 끝이 아니다. 청킹 구분으로 의미와 구조를 직관적으로 안내해놓지 않은 버전도 볼 수 있어야 한다. 이를 위해 셀로판 필터를 넣었다. 본문에 대면 슬래시가 사라지면서 청킹 가이드가 없는 버전으로 학습할 수 있다.

복습용 미니북에서도 셀로판 필터를 대면 배경이 아예 사라진, 가장 기본형의 문장만 볼 수 있다.

What do you think about the applicant we interviewed this morning?

What do you think / about the applicant / we interviewed / this morning?

오늘 아침에 우리가 인터뷰한 지원자에 관해 너는 뭐라고 생각해?

5단계: 공신의 직강

가장 중요한 것이 남았다. 저자의 강의다. 단순히 정보만 전달하는 것이 아니다. 원리 하나만 알면 문법을 다 몰라도 회화를 완성할 수 있다고 말했는데, 정말 그 원리 하나만으로 회화가 가능한지 나와 함께 말을 만들어보고 직접 내뱉어볼 것이다.

만약 이래도 안 된다면? 안 될 리가 없겠지만, 만에 하나 안 되면 유튜브에 댓글을 달거나 저자가 진행하는 아프리카TV 라이브 방송에 접속하길 바란다. 직접 상담해주겠다.

Part II

강성태와 함께하는
전 국민 영어 입트기
66일 챌린지

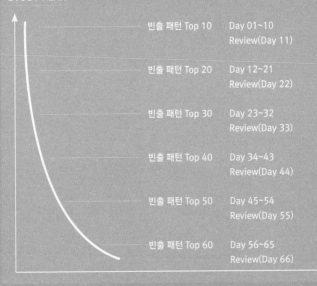

STUDY PLAN

	빈출 패턴 Top 10	Day 01~10 Review(Day 11)
	빈출 패턴 Top 20	Day 12~21 Review(Day 22)
	빈출 패턴 Top 30	Day 23~32 Review(Day 33)
	빈출 패턴 Top 40	Day 34~43 Review(Day 44)
	빈출 패턴 Top 50	Day 45~54 Review(Day 55)
	빈출 패턴 Top 60	Day 56~65 Review(Day 66)

DAY 01

I'm

Q. 낯선 사람에게 말을 걸 때 '방해해서 미안한데요'를 영어로 하면?

⚡ Pattern

001 I'm

- I'm John Carter.
- I'm glad / you came.
- I'm here / to return this book.

002 I'm sorry (to + 동사/about)

- I'm sorry / to disturb* you.
- I'm sorry / to hear that.
- I'm sorry / about the delay*.

003 I'm sure

- I'm sure / it'll be OK.
- I'm sure / we can win* first prize.

느낌 빡! 빈출 패턴 1위는 단연코 I'm이다

알고 보면 사람들은 꽤 자기중심적이다. 만날 때마다 자기 얘기만 하는 친구도 있다. 그래서 가장 많이 사용되는 패턴 1위는 단연코 I'm이다. 48에서 60위까지의 빈도를 합친 것보다 많다. happy, glad 등 형용사로 감정을 표현하거나 'I'm 성태.' 'I'm a boy.'처럼 명사를 붙여 자신의 정체를 나타낼 수도 있다. 'I'm here.'처럼 부사와 함께 위치를 말할 수도 있다.

나는 ~이다

★ 책날개로 왼쪽 페이지를 가린 뒤 영어로 말할 수 있으면 체크! 셀로판 필터를 대면 힌트 단어가 사라집니다.

나는 ~이다

☐ 저는 존 카터입니다.

☐ 나는 기뻐요 / 당신이 와서.

☐ 나는 여기 있어요 / 이 책을 반납하려고.

나는 유감이다 (~해서/~에 관해)

☐ 나는 미안해요 / 당신을 방해해서. *disturb 방해하다, 폐를 끼치다

☐ 나는 유감이에요 / 그것을 듣게 되어.

☐ 나는 미안해 / 늦어서. *delay 지연, 연기

나는 확신한다

☐ 나는 확신해요 / 괜찮을 거라고.

☐ 나는 확신해요 / 우리가 1등 상을 탈 수 있을 거라고. *win 얻다, 이기다

느낌 빽! sorry의 어원

sorry의 어원은 sore다. sore 자체가 '아픈'이란 뜻이다(Day 52 참고). 'I'm sore.'는 '나는 아프다'로 해석되는데, 이 표현이 자주 사용되다가 'I'm sorry.'가 갈라져 나왔다. 마음이 아플 정도니 얼마나 미안하다는 뜻이겠는가? 어원을 알면 sorry가 '안타까운' 혹은 '유감스러운'이란 뜻인 게 바로 이해된다. 안타까운 소식을 들었을 때는 마음이 '아프기' 때문이다.

I'm sorry to disturb you

🎤 Dialogue

A Excuse me. I'm sorry / to disturb you.

B Yes? What is it?

A I'm so confused* / because this is my first trip / by rail. But you seem to be in my seat.

B What do you mean, your seat?

A Here is my ticket. It says Car 7, Seat 13A.

B OK⋯. You're right, Seat 13A. But you are in the wrong place. This is Car 6, not 7.

느낌 빡! 어떻게 말을 걸어야 할까?

1위 I'm 패턴 중 가장 많이 사용된 표현은 I'm sorry ~다. Thank you만큼 유명하지 않은가. 영어회화가 정말 중요하다고 느낄 때는 '안녕', '잘 자' 같은 평범한 상황보다 위 대화처럼 곤란한 상황에 처했을 때다. 비싼 티켓을 사서 해외 공연장에 갔는데 내 자리에 웬 외국인이 순진한 표정으로 앉아 있는 상황을 상상해보라. 이제 자신 있게 원래 자리로 보내드리자.

방해해서 미안합니다

★ 책날개로 왼쪽 페이지를 가린 뒤 영어로 말할 수 있으면 체크! 셀로판 필터를 대면 힌트 단어가 사라집니다.

☐ A   실례합니다. 미안합니다 / 방해해서.

☐ B   네? 무슨 일인데요?

☐ A   너무 헷갈리네요 / 처음 가는 여행이라 / 기차로. *confused 혼란스러운, 헷갈리는
      그런데 당신이 제 자리에 앉아 계신 것 같아요.

☐ B   무슨 의미시죠, 당신 자리라뇨?

☐ A   여기 제 티켓이 있어요. 7호 차, 13A번 좌석이라고 쓰여 있어요.

☐ B   네…. 당신 말이 맞아요, 13A번 좌석. 하지만 당신은 잘못된 곳에
      계세요. 여기는 7호가 아니라 6호 차예요.

It's

Q. '처음 뵙겠습니다'를 영어로 하면?

⚡ Pattern

004　It's

- It's nice / to meet you.
- It's very cold / and windy / today.
- It's very useful / for carrying small things.

005　It's good (for/to + 동사)

- It's good / for* your health.
- It's good / to see you / again.

006　It's like (-ing)

- It's like teaching a fish / how to swim.
- It's like a dream / meeting him.
- It's like watching a documentary.

느낌 빡!　It's가 많이 나오는 이유

I'm 패턴 대비 88.1%의 사용 빈도다. It's에 hot(뜨거운)을 붙이면 '뜨겁다', a lama(라마)를 붙이면 '라마다', Monday(월요일)를 붙이면 '월요일이다'가 된다. It's는 눈앞에 있는 대상을 가리켜 '그것'을 의미할 뿐만 아니라 대화 중 방금 언급된 어떤 것을 가리키기도 하고, 상황이나 시간, 날짜, 거리, 날씨 등을 표현할 때도 쓴다. 그러니 얼마나 많이 나오겠는가.

그것은 ~이다

★ 책날개로 왼쪽 페이지를 가린 뒤 영어로 말할 수 있으면 체크! 셀로판 필터를 대면 힌트 단어가 사라집니다.

그것은 ~이다

☐ 반갑습니다 / 만나서.

☐ 매우 추워요 / 바람이 불고 / 오늘은.

☐ 그것은 매우 유용합니다 / 작은 물건들을 운반하는 데.

그것은 좋다 (~에[에게]/~하기에)

☐ 그것은 좋습니다 / 당신의 건강에. *good for ~에 좋은

☐ 좋습니다 / 당신과 만나게 되어 / 다시.

그것은 같다 (~하는 것과)

☐ 그것은 물고기에게 가르치는 것과 같습니다 / 수영하는 법을.

☐ 꿈만 같습니다 / 그를 만나는 것은.

☐ 마치 다큐멘터리를 보는 것 같아요.

느낌 빡! **It's가 없어도 되는 이유**

'Nice to meet you.'는 처음 만났을 때 인사말로 가장 많이 쓰는 문장으로, 문법적으로는 주어와 동사가 없다. 워낙 많이 쓰다 보니 'It's nice to meet you.'에서 it's를 생략한 것이다. it's(그것은 ~이다)의 뜻은 사실상 별것 아니기에, 생략하지 않고 말할 때도 거의 들리지 않을 수 있다. 다른 예문을 보면 알겠지만 it's가 없어도 대개 의미 전달에는 별문제가 없다.

It's nice to meet you

🎧 Dialogue

A   Hi, I'm Dorothy Myers. Have a seat, please.

B   Hi, I'm Arnold Jacobs. It's nice / to meet you.

A   Can I offer you anything / to drink?

B   No thanks. You were highly recommended /
     by one of my coworkers, Jack Anderson.

A   Thank you. I heard from* Jack / that you might
     drop by.

느낌 빡!   처음 만났을 때 하는 인사말

처음 만난 사람에게 'Nice to meet you.'라고 인사했다면, 그 사람과 헤어질 때는 뭐라고 해야
할까? 'Nice meeting you.'라고 하면 된다. 앞의 인사말에서 주어와 동사인 it's가 생략되었다
면, 뒤의 인사말에서는 뭐가 생략됐을까? 힌트! 만남이 끝난 뒤에 하는 인사기 때문에 만남 자체
가 이미 과거의 일이다. 따라서 it's의 과거형인 it was가 생략되었다.

만나서 반갑습니다

★ 책날개로 왼쪽 페이지를 가린 뒤 영어로 말할 수 있으면 체크! 셀로판 필터를 대면 힌트 단어가 사라집니다.

☐ A 안녕하세요, 도로시 마이어스입니다. 앉으세요.

☐ B 안녕하세요, 아널드 제이콥스입니다. 반갑습니다 / 만나서.

☐ A 뭐라도 드릴 수 있을까요(뭐라도 드릴까요) / 마실 것을?

☐ B 괜찮습니다(사양하겠습니다). 당신은 적극 추천받았어요 /

제 동료 중 한 명인 잭 앤더슨에게.

☐ A 감사합니다. 잭에게 들었어요 / 당신이 잠깐 들를지도 모른다고.

*hear from ~로부터 연락을 받다

> 66 동기 부여 100% 강성태 어록 ·······
>
> 열정은 영어로 passion인데, 그 어원은 '견디다'라는 뜻의 pati다. 그래서 patient가 '환자'
> 인 것이다. 아픈 걸 견뎌야 하는 사람이니까. 말로만 떠드는 건 열정이 아니다. 열정은 참
> 고 견디는 것이다.
>
> ·······99

Do you

Q. 시간 좀 내달라고 부탁하는 말을 영어로 하면?

⚡ Pattern

007 Do you think

- Do you think so?
- What do you think / about the applicant /
  we interviewed?

008 Do you want (to + 동사)

- Do you want a refund* / or replacement**?
- What do you want / to do / today?

009 Do you have (any)

- Do you have a particular model / in mind*?
- Do you have a discount* / for children?
- Do you have any plans / tonight?

느낌 빡! 의문문의 Do는 어디서 왔을까?

의문문에서 빈도 1위 패턴은 Do you다. 의문문에서 평서문에 없던 do가 갑자기 튀어나오는 것처럼 보이지만, 알고 보면 갑자기는 아니다. 원래 영어의 일반 동사는 모두 do와 함께 썼다. do 자체가 '하다'라는 뜻 아닌가. 그러다가 편의상 do를 빼고 말하게 되었다. 하지만 의문문에까지 do를 안 쓰면 의문문이 평서문과 잘 구분되지 않기에 여전히 남아 있는 것이다.

너는 ~하니?

★ 책날개로 왼쪽 페이지를 가린 뒤 영어로 말할 수 있으면 체크! 셀로판 필터를 대면 힌트 단어가 사라집니다.

너는 ~라고 생각하니?

□ 그렇게 생각하세요?

□ 뭐라고 생각하세요 / 지원자에 관해 / 우리가 인터뷰했던?

너는 원하니? (~하기를)

□ 당신은 환불을 원하십니까 / 아니면 다른 물건을? *refund 환불, 환불하다

□ 너는 무엇을 원하니 / 하기를 / 오늘?   **replacement 대체물

너는 가지고 있니? (어떤)

□ 특정한 모델이 있습니까 / 생각해두신? *have ... in mind ~을 염두에 두다

□ 할인이 있습니까 / 어린이를 위한? *discount 할인, 할인하다

□ 무슨 계획이 있어요 / 오늘 밤에?

느낌 빡!   영어에서 어순이 중요한 이유

영어는 어순에 따라 의미가 완전히 달라진다(영문법 #1 참고). 심지어 평서문에서 어순만 바꾸면 의문문이 되기도 한다. 우리말로 '사랑해'라고 말해보라. 이때 억양이 없다면 사랑한다고 고백하는 말인지, 사랑하느냐고 묻는 말인지 알 수가 없다. 하지만 영어는 문장의 종류에 따라 단어의 배열 순서가 다르기 때문에 설령 억양이 없어도 고백인지 질문인지 구별할 수 있다.

Do you have a minute?

🎧 Dialogue

A Frank, do you have a minute?

B Sure, what's up?

A As you know, I'm writing an article / about the exhibition / that you held.

B Yeah. I can't wait / to read it. Do you need any help / with it?

A Well, I took some pictures / at the exhibition / to put / in the article, / but I deleted* them / by mistake.

B Don't worry. I have lots of pictures / at home.

느낌 빡!   Do you have라고 묻는 진짜 이유

Do you 패턴 중 1위는 Do you have다. 이는 뭔가를 갖고 있는지만을 묻는 표현이 아니다. 뭔가를 가졌는지를 왜 묻겠는가? 정말 가졌는지가 궁금해서 묻는 경우는 거의 없다. 누군가에게 펜이 있냐고 묻는 건 대개 펜을 빌리고 싶어서다. 다짜고짜 'Give me a pen(펜 내놔).'이라고 말하면 예의 없어 보인다. 'Do you have a pen?'이라고 말하면 공손하게 들린다.

시간 좀 있어요?

★책날개로 왼쪽 페이지를 가린 뒤 영어로 말할 수 있으면 체크! 셀로판 필터를 대면 힌트 단어가 사라집니다.

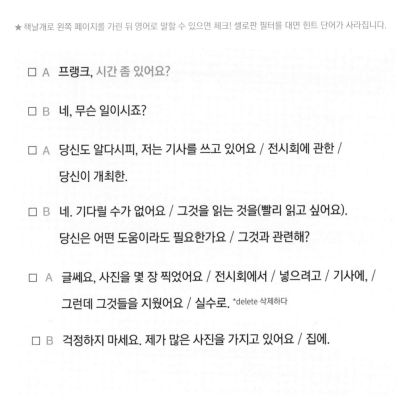

□ A 프랭크, 시간 좀 있어요?

□ B 네, 무슨 일이시죠?

□ A 당신도 알다시피, 저는 기사를 쓰고 있어요 / 전시회에 관한 /
　　당신이 개최한.

□ B 네. 기다릴 수가 없어요 / 그것을 읽는 것을(빨리 읽고 싶어요).
　　당신은 어떤 도움이라도 필요한가요 / 그것과 관련해?

□ A 글쎄요, 사진을 몇 장 찍었어요 / 전시회에서 / 넣으려고 / 기사에, /
　　그런데 그것들을 지웠어요 / 실수로. *delete 삭제하다

□ B 걱정하지 마세요. 제가 많은 사진을 가지고 있어요 / 집에.

5회독
체크표 ▶ | 1 | 2 | 3 | 4 | 5

66 동기 부여 100% 강성태 어록 ⋯⋯⋯⋯⋯⋯⋯⋯⋯⋯⋯⋯⋯⋯⋯⋯⋯⋯⋯⋯⋯⋯⋯⋯⋯⋯⋯⋯⋯⋯⋯⋯⋯⋯⋯⋯⋯

우리가 미래를 알 수는 없다. 그러나 당장 눈앞에 놓인 영어 패턴 하나는 정복할 수 있다.
그것이 미래를 준비하는 첫 번째 자세이다.

99

I'll

Q. 형형색색의 케이크 앞에서 드디어 마음을 정했을 때,
그걸 두 조각 사겠다는 말을 영어로 하면?

⚡ Pattern

010   I'll take

- I'll take a photo / of you / with it.
- I'll take the subway.

011   I'll have

- I'll have two medium* coffees.
- I'll have / one of our technicians / call you.

012   I'll go

- I'll go buy some snacks / and beverages.
- I'll go out / for a walk / now.
- I'll go / to the bookstore / right away.

느낌 빽!   하고 싶은 것이나 갖고 싶은 것을 말할 때

I'm에 이어 빈도 4위는 다시 '나'에 관한 이야기다. I'll은 I'm의 64.7% 수준으로 자주 사용된다. 예문을 보면 알겠지만, 미래 시제라고 해서 단순히 미래의 거창한 계획만을 말해야 하는 것은 아니다. 예를 들어 뭔가 먹을 것을 고를 때처럼 '이거 먹을래' '저거 살래'라고 하고 싶은 것이나 갖고 싶은 것을 말할 때도 I'll을 사용한다.

나는 ~할 것이다

★ 책날개로 왼쪽 페이지를 가린 뒤 영어로 말할 수 있으면 체크! 셀로판 필터를 대면 힌트 단어가 사라집니다.

나는 찍을/탈/가질/데려갈/받을 것이다

- □ 내가 사진을 찍어줄게 / 너의 / 이걸로.
- □ 나는 지하철을 탈게.

나는 가질/~하게 할 것이다

- □ 저는 중간 크기의 커피 두 잔으로 하겠습니다. *medium 중간의, 매체, 도구
- □ 하라고 하겠습니다 / 저희 기술자 중 한 명에게 / 당신에게 전화를 드리라고.

나는 갈 것이다

- □ 나는 간식을 사러 갈 거야 / 음료수와.
- □ 나는 나갈 거야 / 산책하러 / 지금.
- □ 제가 가겠습니다 / 서점으로 / 지금 바로.

느낌 빡! will이 미래의 뜻을 표현하는 이유

I'll, 즉 I will에서 will은 조동사지만, 원래 명사이기도 하다. 명사 will은 '의지'를 뜻한다. 주어와 동사 사이에 will을 붙이면서 무엇을 하겠다는 의지를 표현하게 됐다. 그런데 의지가 무엇인가? 미래에 무엇을 이루겠다는 마음이다. '합격할 것이다' '여행을 갈 것이다' 모두 의지를 표현하면서 미래 시제를 나타낸다. 자연스럽게 will이 미래의 뜻을 더해주는 조동사가 되었다.

I'll take two pieces

🎧 Dialogue

A May I help you?

B That cheesecake looks delicious! How much is it?

A It's 30 dollars / for the whole cake / or 5 dollars / per slice*.

B Okay. I'll take two pieces.

A All right. Would you like anything / to drink?

B Yes, I'll have two medium coffees.

느낌 빡! all과 whole의 차이

all과 whole은 둘 다 '전부'를 뜻한다. 하지만 쓰임이 다르다. 'I ate all the cakes.'는 여러 개의 케이크가 있는데 그걸 전부 먹었다는 뜻이다. 'I ate the whole cake.'는 온전한 케이크 하나를 다 먹었다는 뜻이다. 또한 all은 케이크가 여러 개이므로 복수 명사 cakes와 함께 쓰였고, whole은 온전한 케이크 한 개이므로 단수 명사와 함께 사용됐다.

두 조각을 사겠습니다

★ 책날개로 왼쪽 페이지를 가린 뒤 영어로 말할 수 있으면 체크! 셀로판 필터를 대면 힌트 단어가 사라집니다.

☐ A 도와드릴까요?

☐ B 저 치즈 케이크가 맛있어 보이네요! 얼마죠?

☐ A 30달러입니다 / 전체 케이크 하나에 / 아니면 5달러 /

한 조각에. *slice 조각, 부분, 몫

☐ B 좋습니다. 두 조각을 사겠습니다.

☐ A 알겠습니다. 어떤 것으로 하시겠습니까 / 마실 것은?

☐ B 네, 미디엄 커피 두 잔 부탁합니다.

66 동기 부여 100% 강성태 어록 ·······

'66일 영어회화'에 성공한다면 앞으로 '66일 도전'을 통해 어떤 습관이든 자기 것으로 만들
수 있게 된다. 무엇이든 습관으로 만들 수 있다는 것이 무슨 의미인가? 무엇이든 할 수 있
다는 뜻이다. 그렇다. 여러분은 무엇이든 할 수 있다.

········· 99

That's

Q. '내 말이!'를 영어로 하면?

⚡ Pattern

013 **That's**

- That's a good idea.
- That's true.
- That's too bad.

014 **That's what**

- That's what friends are for*.
- That's what I mean.

015 **That's why**

- That's why I'm calling you.
- That's why I wanted / to see you.
- That's why you look tired.

느낌 빡!　　'그것'도 '저것'도 다 되는 that

That's가 빈도 5위라는 사실이 의외라며 놀라는 분들이 간혹 있다. that은 원래 '저것'이란 뜻인데, 그렇게 자주 쓰이느냐는 것이다. 일상적인 대화에서는 단순히 '저것'이란 의미 이상으로, 방금 전 상대방과 나눈 '그 대화 내용' 또는 대화 참여자가 둘 다 아는 '바로 그것'을 가리킬 때도 사용된다.

그것은 ~이다

★ 책날개로 왼쪽 페이지를 가린 뒤 영어로 말할 수 있으면 체크! 셀로판 필터를 대면 힌트 단어가 사라집니다.

그것은 ~이다

□ 좋은 생각이에요.

□ 그게 맞아. (사실이야.)

□ 그거 안됐군요.

그게 바로 ~하는 것이다

□ 친구 좋다는 게 뭐야? (그게 친구가 있는 이유야.) *What ... for 무엇 때문에

□ 내 말이! (내 말이 바로 그거예요.)

그래서 ~하는 것이다

□ 그래서 내가 너에게 전화한 거야.

□ 그래서 내가 원했던 거야 / 너를 보기를.

□ 그래서 네가 피곤해 보인 거구나.

느낌 빡! 안타까운 일을 위로하는 표현

'That's too bad.'는 상대방에게 안타까운 일이 생겼을 때 위로를 건네는 대표적 표현이다. 'I'm sorry.'라고 해도 된다. 이때는 '미안하다'보다는 '안타깝다, 유감스럽다'는 의미이다. 같은 의미로 함께 알아둘 표현이 'That's a shame.'이다. shame을 '수치심'으로 많이들 알고 있겠지만, '아쉬운 일'이라는 의미도 있다. 그러니 '왜 수치스럽다고 하는 거지?'라며 당황하지 말자.

That's exactly what I'm saying!

🎙 Dialogue

A There's tons of* information / about hotels / online.

B That's exactly what I'm saying!

A Then, how about buying a travel guidebook?

B That's a good idea. I'll go / to the bookstore / right away.

A I recommend buying one / written / by the locals.

B Okay, thanks.

느낌 빡! '그것'과 '저것'을 구분하는 법

'That's exactly what I'm saying!'과 'That's a good idea.'에서 that은 모두 상대가 방금 말한 것을 가리킨다. 그런데 that이 어떤 사물이나 사람을 가리키는 '저것'이 아니라 상대방이 말한 '그것'인지 어떻게 구별할까? 상황과 문맥으로 판단해야 한다. 이는 모든 언어가 마찬가지다. 우리말 '배'만 봐도 내 불룩한 배인지 타는 배인지 먹는 배인지 맥락을 파악하지 않고는 모른다.

내 말이 바로 그거예요!

★ 책날개로 왼쪽 페이지를 가린 뒤 영어로 말할 수 있으면 체크! 셀로판 필터를 대면 힌트 단어가 사라집니다.

□ A 엄청나게 많은 정보가 있어요 / 여러 호텔에 대한 / 온라인에는.

   *be tons of 많은 ~이 있다

□ B 내 말이 바로 그거예요!

□ A 그렇다면 여행 안내서를 사는 건 어떨까요?

□ B 좋은 생각이에요. 가볼게요 / 서점으로 / 지금 바로.

□ A 하나 사기를 추천해요 / 쓰인 / 현지인들에 의해.

□ B 네, 고마워요.

66 동기 부여 100% 강성태 어록 ··················

   아인슈타인과의 약속 시간에 늦은 사람이 헐레벌떡 뛰어와 사과했다. 아인슈타인은 미소를
지으며 답했다. "괜찮습니다. 저는 항상 풀어야 할 문제가 있으니까요." 누가 늦으면 여러
분도 미소 지으며 답했으면 좋겠다. "괜찮아요. 66일 영어회화 중이거든요."

99

DAY 06

Are you

Q. 면접을 앞둔 후배를 격려할 때 '준비 잘하고 있니?'를 영어로 하면?

⚡ Pattern

016 Are you

- How are you?
- Are you serious?
- Are you sure / you called the right number?

017 Are you ready (for/to + 동사)

- Are you ready / for dinner?
- Are you ready / to play?

018 Are you available

- When are you available*?
- Are you available / next Friday?

느낌 빡!   의문문 패턴 2인자 Are you

Are you는 Do you에 이어 두 번째로 많이 사용되는 의문문 패턴으로, 사용 빈도가 Do you 패턴의 49.3%다. Do you와 마찬가지로, '그'나 '그녀'가 아닌, 지금 대화하고 있는 상대방인 바로 '너[당신]'에 관해 묻는 것이니 그만큼 많이 쓰일 수밖에 없다. 'Are you OK?' 'Are you Mr. Kang?'처럼 상대의 상태나 신원을 물을 때 쓴다.

너는 ~이니?

★ 책날개로 왼쪽 페이지를 가린 뒤 영어로 말할 수 있으면 체크! 셀로판 필터를 대면 힌트 단어가 사라집니다.

너는 ~이니?

□ 안녕? (너 어떠니? 어떻게 지내니?)

□ 진심이에요?

□ 확실해요 / 전화를 제대로 거신 게?

너는 준비 됐니? (~을 위한/~할)

□ 준비 됐니 / 저녁 먹을?

□ 준비 됐니 / 놀?

너는 가능하니?

□ 언제 가능하신가요? *available 이용할 수 있는, 시간이 있는

□ 가능하신가요 / 다음 주 금요일에?

느낌 빡! 다양한 인사말 표현

Hi, Hello, How are you? 외 다른 인사말로는 다음과 같은 것들이 있다. 괄호 안의 원래 의미에서 확장되어 안부를 묻는 인사로 자리 잡게 된 것이다.
How are you doing?(어떻게 하고 있니?) / How is everything?(전부 어때?)
How's everything going?(전부 어떻게 돼가고 있니?) / What's going on?(무슨 일이야?)
What's new?(새로운 게 뭐야[별일 없어?]) / What's up?(새로 일어난 일이 뭐야[별일 없어?])

Are you ready for your interview?

🎙 Dialogue

A Debbie, are you ready / for your interview / next week?

B I'm not sure. This is my first job interview, so I'm pretty nervous*.

A Don't worry. You'll do fine. You're a great speaker.

B Do you think so?

A Of course. So, have you practiced / answering any interview questions?

B Yeah, just some common ones.

느낌 빡! '알바'는 영어에 없다

원어민과 대화할 때 '아르바이트'라고 하면 '물다'의 bite로 알아들을지도 모른다. 심지어 한국에서는 '알바'라고 줄여서 쓰는데 이건 더 못 알아들을 것이다. 아르바이트(Arbeit)는 '일, 노동'을 뜻하는 독일어다. 영어에서는 part-time job이라고 해야 한다. 흔히 말하는 '정규직'은 full-time job이라고 말한다.

면접 볼 준비 됐니?

□ A 데비, 준비 됐니 / 면접 볼 / 다음 주에?

□ B 확실하지 않아요. 이건 제 첫 번째 취업 면접이에요, 그래서 상당히

긴장돼요. *nervous 불안해하는, 걱정을 많이 하는

□ A 걱정하지 마. 넌 잘할 거야. 넌 말을 굉장히 잘하는 사람이잖아.

□ B 그렇게 생각하세요?

□ A 물론이야. 그래서 연습해봤니 / 인터뷰 질문들에 대답하는 것을?

□ B 네, 그냥 흔한 것들요.

5회독
체크표 ▶ | 1 | 2 | 3 | 4 | 5 |

66 동기 부여 100% 강성태 어록

미국 콜로라도대학의 연구 결과, 똑같이 잠을 자도 잘 잤다고 믿는 사람은 잘 못 잤다고 믿는 사람보다 인지기능 검사에서 54.5% 점수가 높았다. 많이 피곤하겠지만, 그래도 잘 잤다고 한번 믿어보자.

99

You're

Q. 상대의 말에 격하게 동감했을 때 '당신 말이 맞아요'를 영어로 하면?

⚡ Pattern

019 You're

- You're right.
- You're a great speaker.

020 You're going (to + 동사)

- You're going on air / in 30 minutes.
- You're going to be cast* / for the lead role / in that new drama.

021 You're doing

- You're doing a great job.
- While you're doing that / I'll order the banners.

느낌 빡! 대화 상대방에게 말하는 You are

You're는 Are you 의문문의 평서문 형태다. 상대의 상태나 존재를 설명할 때 쓴다. 나에 관해 말하는 I'm 대비 32.4% 빈도로 사용된다. 상대방을 향해 말할 때 쓰기에 노래 제목에서도 자주 볼 수 있다. 유명한 노래인 조 카커Joe Cocker의 〈You Are So Beautiful〉, 조니 캐시Johnny Cash의 〈You Are My Sunshine〉은 쉬운 문장으로 구성돼 있으니 영어 공부에 활용해봐도 좋다.

너는 ~이다

★ 책날개로 왼쪽 페이지를 가린 뒤 영어로 말할 수 있으면 체크! 셀로판 필터를 대면 힌트 단어가 사라집니다.

너는 ~이다

- □ 당신이 맞아요.
- □ 넌 말을 굉장히 잘하는 사람이잖아.

너는 될 것이다 (~하게)

- □ 당신은 생방송에 들어갑니다 / 30분 뒤에.
- □ 당신은 캐스팅될 거예요 / 주연으로 / 그 새 드라마에. *cast 던지다, 배역을 정하다

너는 ~을 하고 있다

- □ 넌 잘하고 있어.
- □ 네가 그걸 하는 동안 / 내가 현수막들을 주문할게.

느낌 빡! 오른쪽(right)이 옳은(right) 것이 된 이유

You're 패턴 중에서는 'You're right.'가 가장 많이 쓰여 전체의 32.2%를 차지한다. 'That's right.' 혹은 'Right.'라고 해도 된다. right는 '올바른'이라는 의미 외에 '오른쪽의'라는 의미도 있다. 과거엔 왼손잡이는 소수이기에 이상한 것이라 여겼고, 오른손잡이만이 '올바르다'고 생각했기 때문이다. 우린 늘 이런 편견에 주의해야 한다.

You're right

🌀 Dialogue

A Our company has finally decided / to allow employees / to work from home.

B Oh, that's really good news.

A I know. I'm so happy / because I can cut out all the time / I spend* commuting.

B Great! You're always stressed out* / by your commute**.

A You're right. And I can also put more energy / into my actual work.

느낌 빡!   '동안'을 뜻하는 3가지 단어

for, during, while은 우리말로 모두 '~ 동안'으로 해석하지만 그 쓰임이 좀 다르다. for 뒤엔 기간을 나타내는 숫자가 와서 for 2 hours(2시간 동안)로 표현한다. 한편 during 뒤엔 특정 기간을 나타내는 명사가 오는 반면 while 뒤엔 절, 즉 주어와 동사가 포함된 문장이 온다. 예를 들어 '점심 먹는 동안'은 'during my lunch'라고 하거나 혹은 'while I'm having lunch'라고 한다.

당신이 맞아요

★ 책날개로 왼쪽 페이지를 가린 뒤 영어로 말할 수 있으면 체크! 셀로판 필터를 대면 힌트 단어가 사라집니다.

- □ A 우리 회사는 드디어 결정했어요 / 직원들에게 허용하기로 /

  재택근무를.

- □ B 오, 정말 좋은 소식이네요.

- □ A 맞아요. 너무 행복해요 / 내가 그 모든 시간을 줄일 수 있어서 /

  내가 통근하며 보내는. *spend (돈을) 쓰다, (시간을) 보내다

- □ B 잘됐네요! 당신은 항상 스트레스를 많이 받았어요 / 출퇴근 때문에.

  *stressed out 스트레스로 지친, 스트레스가 쌓인 **commute 통근, 통근하다

- □ A 당신이 맞아요. 그리고 더 많은 에너지를 쏟을 수도 있어요 /

  제 실제 업무에.

I think/guess

Q. '내 컴퓨터가 미쳐가는 것 같아요'를 영어로 하면?

⚡ Pattern

022 I think

- I think so.
- I think my computer's going crazy!
- I think I can be there / if it's not Monday.

023 I thought

- I thought you had to attend a conference.
- I thought there was some pizza / in the refrigerator.

024 I guess

- I guess so.
- I guess about 15 people will show up*.

느낌 빡! 틀려도 자꾸 말해야 회화 실력이 는다!

동사 think가 꽤 높은 순위에 올라 놀랐는가? 하지만 평소 언어 습관을 돌아보라. 대화하는 중에 '내 생각'을 엄청나게 자주 말한다. 한때 나는 일부러 'I think ~'를 습관처럼 내뱉곤 했다. 일단 말을 꺼내면 뭐라도 말하지 않을 수 없기 때문이었다. 이어서 뭘 얘기할지는 식은땀을 흘리면서 라도 생각해내게 된다. 틀리더라도 자주 말해보는 것이 중요하다는 생각에는 변함이 없다.

나는 ~라고 생각한다

★ 책날개로 왼쪽 페이지를 가린 뒤 영어로 말할 수 있으면 체크! 셀로판 필터를 대면 힌트 단어가 사라집니다.

나는 ~라고 생각한다

□ 그런 것 같아요.

□ 내 컴퓨터가 미쳐가는 것 같아요!

□ 갈 수 있을 것 같아요 / 월요일이 아니면.

나는 ~라고 생각했다

□ 나는 당신이 회의에 참석해야 한다고 생각했어요.

□ 나는 피자가 좀 있는 줄 알았어요 / 냉장고에.

나는 ~라고 추측한다

□ 그런 것 같아요.

□ 대략 15명 정도 올 것 같아요. *show up 눈에 띄다, 나타나다

느낌 빡! think보다 어감이 약한 guess

I think를 I guess로 바꿔 표현할 수 있기에 하나의 패턴으로 실었다. I think 대비 I guess는 28.8%의 빈도로 사용된다. 물론 두 표현에는 차이점이 있다. I guess는 추측이기에 I think보다 확신이 떨어지는 표현이다. 둘 다 100% 확신은 아니지만, 확신하는 정도에 차이가 있다고 볼 수 있다.

I think he has a sliver of glass

🌀 Dialogue

A There is something wrong / with my dog's paw*.

B Let me take a look*. Which one?

A The front right one.

B I can see it hurts. He's licking* it.

A I thought maybe it would get better / on its own.

B Can you hold him / while I take a look?
I think he has a sliver* / of glass / in his paw .

느낌 빡! '아프다'를 영어로 말하면?

'It hurts'의 hurt는 손이나 발 등 신체에 부상을 당했을 때 주로 쓴다. 두통이나 배탈처럼 신체 내부가 아플 땐 주로 sick을 쓴다. hurt는 '아프다'와 '아프게 하다'의 뜻을 모두 갖는다. 'My feet hurt.'는 '발이 아프다'는 의미고, 'My shoes hurt.'는 '신발이 나를 아프게 한다'는 뜻이다. 'I don't want to hurt you.'는 마음을 아프게 하는 것, 즉 '상처를 주기 싫다'는 의미다.

그가 작은 유리 조각을 갖고 있는 것 같아요

★ 책날개로 왼쪽 페이지를 가린 뒤 영어로 말할 수 있으면 체크! 셀로판 필터를 대면 힌트 단어가 사라집니다.

☐ A 뭔가 문제가 있어요 / 제 강아지의 발에. *paw (개, 고양이의) 발

☐ B 어디 봐요. 어느 쪽이요? *take a look ~을 한번 보다

☐ A 오른쪽 앞쪽이요.

☐ B 그것을 아파하는 게 보여요. 핥고 있네요. *lick 핥다, 핥아먹기

☐ A 나아질 줄 알았어요(생각했어요) / 그것이 저절로.

☐ B 당신이 안고(잡고) 있어 주시겠어요 / 제가 살펴보는 동안?

   그가 작은 조각을 갖고 있는 것 같아요 / 유리의 / 그의 발에.

   *sliver 깨지거나 잘라낸 조각

<table>
<tr><td>5회독
체크표 ▶</td><td>1</td><td>2</td><td>3</td><td>4</td><td>5</td></tr>
</table>

I have

Q. '뭔가 중요한 걸 말해줄게'를 영어로 하면?

⚡ Pattern

025 I have

- I have an idea.
- I have something important / to tell you.

026 I have no

- I have no idea.
- I have no plans.

027 I have to

- I have to use this / tomorrow / for PE (physical education) class.
- All I have to do / is tighten* the nut.
- I have to work late.

느낌 빡! have에서 온 habit

이 책의 특별한 점은 좋은 습관을 만들 수 있는 '66일 공부법'이 적용되었다는 점이다. '습관'은 영어로 habit이다. habit의 어원을 보면 have(가지다)에 it이 붙은 형태다. 그래서 습관은 익숙해져서 완전히 '자기 것'이 된 상태다. 누차 말하지만, '습관'이야말로 내가 가진 진정한 재산이자 무기다. 이 책으로 습관(habit)까지 갖게(have) 될 것이다.

나는 가지고 있다

★ 책날개로 왼쪽 페이지를 가린 뒤 영어로 말할 수 있으면 체크! 셀로판 필터를 대면 힌트 단어가 사라집니다.

나는 가지고 있다

☐ 내게 생각이 있어요.

☐ 중요한 것이 있어요 / 당신에게 말해줄.

나는 없다

☐ 나는 전혀 모르겠어요.

☐ 나는 아무 계획도 없어요.

나는 ~해야 한다

☐ 나는 이걸 써야 해 / 내일 / 체육 시간에.

☐ 내가 해야 할 일은 / 너트를 조이는 게 다야. *tighten 조이다, 강화하다

☐ 나는 늦게까지 일해야 해.

느낌 빡! have to가 의무를 뜻하는 이유

많은 사람이 have to가 '해야만 한다'는 '의무'를 나타낸다고 무작정 외운다. 하지만 그럴 필요가 없다. to 부정사는 전치사 to를 어원으로 하기에 미래의 의미를 갖고 있다(영문법 #3 참고). I have에 미래를 뜻하는 to가 붙었으니, 있는 그대로 해석하면 '미래에 할 것을 가지고 있다'가 된다. 이것이 '~해야 한다'는 뜻으로 확장되었다.

I have something important to tell you

DAY 09

🕹 Dialogue

A How was the board meeting?

B It was productive*. Sally, I have something important /
to tell you.

A Really? What is it?

B The board wants you / to present your business
proposal / at the meeting / next week.

A Really? I didn't know they were interested /
in my proposal.

느낌 빡!   say, tell, speak, talk의 차이

say는 말한 것을 그대로 전달할 때 쓴다. 그래서 소설책에 많이 나온다. tell은 정보를 알려줄 때
쓴다. 위 대화에서 'something important to tell'이라고 한 이유다. speak은 소리를 낼 수 있
는지 혹은 특정 언어를 말할 수 있는지 나타낼 때 주로 쓴다. talk은 대화를 나누는 상황에서 '말
하다'는 의미로 사용된다. 그래서 온라인 메신저의 이름이 '○○톡'인 경우가 많다.

당신에게 말해줄 중요한 것이 있어요

★ 책날개로 왼쪽 페이지를 가린 뒤 영어로 말할 수 있으면 체크! 셀로판 필터를 대면 힌트 단어가 사라집니다.

☐ A 이사 회의는 어땠어요?

☐ B 유익했어요. 샐리, 중요한 것이 있어요 / 당신에게 말해줄.

   *productive 생산하는, 결실 있는, 생산적인

☐ A 그래요? 뭔데요?

☐ B 이사진은 당신에게 원해요 / 당신의 사업 제안서를 발표해주기를 / 회의에서 / 다음 주.

☐ A 정말요? 난 그들이 관심이 있는지 몰랐어요 / 내 제안에.

5회독 체크표 ▶	1	2	3	4	5

❝ 동기 부여 100% 강성태 어록 ⋯⋯⋯⋯⋯⋯⋯⋯⋯⋯⋯⋯⋯⋯⋯⋯⋯

우린 지금 노벨상을 타려는 것이 아니다. 영어회화는 학문이 아니다. 누구나 습관으로 만들면 결국 말하게 되는 게 언어다. 쫄 필요가 하나도 없다.

❞

Let's

Q. '거기로 가자'를 영어로 하면?

⚡ Pattern

028 Let's go

- Let's go back / to that little bookstore.
- Let's go for lunch.
- Let's go with that model.

029 Let's take

- Let's take a look / at the flight schedule.
- Let's take a break* / then.
- Let's take a class / together.

030 Let's get

- Let's get it.
- Let's get some Chinese food.

느낌 빡! Let과 Let's

Let's가 Let us의 줄임말인지 모르는 사람들이 의외로 많다. Let이 '하게 하다'라는 허락의 의미니 Let us는 '우리에게 ~하게 하라'는 뜻이다. 여기서 '~하자'는 표현으로 굳어졌다. 하지만 Let us 와 Let's의 쓰임이 조금 다르다. Let us는 격식을 차릴 때 쓴다. 'Let us pray to God(하느님께 기도합시다).'처럼 예배나 추도식 자리에서는 Let's 대신 Let us를 쓴다.

우리 ~하자

★ 책날개로 왼쪽 페이지를 가린 뒤 영어로 말할 수 있으면 체크! 셀로판 필터를 대면 힌트 단어가 사라집니다.

가자

- ☐ 돌아가자 / 저 작은 서점으로.
- ☐ 점심 먹으러 가자.
- ☐ 그 모델로 하죠.

갖자/받자

- ☐ 보자 / 비행기 시간표를.
- ☐ 잠깐 쉬었다 하죠 / 그럼. *break 깨다, 단절, 잠깐의 휴식
- ☐ 우리 수업 듣자 / 같이.

얻자

- ☐ 그걸 사자/시작하자.
- ☐ 중국 음식 좀 먹죠.

느낌 빡! Let's의 시제와 부정형

Let's는 현재의 일만 나타낸다. 미래형이나 과거형이 없다. 예를 들어 I'm은 I was나 I'll로 시제에 맞춰 형태가 달라지지만 Let's는 오로지 Let's 하나뿐이다. 그래서 패턴 사용 빈도가 높다. Let's의 부정형은 Let's not이다. 가끔 Let's don't라고 표현하는 수강생도 있는데 이는 틀린 표현이다.

Let's go there

😃 Dialogue

A Which airport should we fly* to?

B JFK is closer / to the company / we're visiting.

A Oh, you're right. Let's go there.

B Then we have two options: / nonstop or one stop.

A I don't want to spend hours / waiting for a connecting*
flight.

B Same here. We should choose the nonstop flight.

느낌 빡! closer의 발음

대화문의 closer는 '더 가까운'이라는 뜻이므로 '클로저'로 발음하면 안 된다. close는 '가까운'
과 '닫다'의 두 가지 의미가 있는데, 각각의 발음이 다르다. '가까운'의 close는 /s/ 발음이고
'닫다'의 close는 /z/ 발음이다. closer를 /z/로 발음하면 닫는 데 쓰는 물건이나 끝내는 사람,
즉 '종결자'를 뜻한다. 흔히 말하는 '클로즈업'도 원래는 '클로스업'이라고 발음해야 한다.

거기로 가시죠

★ 책날개로 왼쪽 페이지를 가린 뒤 영어로 말할 수 있으면 체크! 셀로판 필터를 대면 힌트 단어가 사라집니다.

☐ A 우리는 어느 공항까지 비행기로 가야 합니까? *fly 날다, 비행하다

☐ B 존에프케네디 국제공항이 더 가깝습니다 / 회사에서 / 우리가 방문하려는.

☐ A 오, 당신이 맞아요. 거기로 가시죠.

☐ B 그렇다면 두 가지 옵션이 있습니다 / 직항 또는 경유의.

☐ A 나는 몇 시간씩 보내고 싶지는 않아요 / 비행기를 갈아타기 위해
　　 기다리면서. *connecting 연결하는

☐ B 저도 그래요. 우리는 직항 항공편을 선택해야겠네요.

한국어에는 있고 영어에는 없는 바로 그것
#조사

 뭐가 문제야 say something ♪

- 고양이가 성태를 깨문다.
- 성태를 깨문다, 고양이가.

- A cat bites Sungtae.
- Sungtae bites a cat.

먼저 왼쪽의 우리말 문장 두 개를 비교해보자. 단어의 순서가 바뀌었지만 의미에는 큰 차이가 없다. 성태가 깨물렸으니 참 고소하다는 생각도 든다. 하지만 오른쪽의 영어 문장은 단어의 순서가 바뀌면서 뜻이 완전히 달라졌다. 사람이 고양이를 물어버린, 끔찍한 내용이 돼버렸다. 왜 이런 차이가 생긴 걸까?

 외울 필요 없잖아 Don't worry ♪

우리말 문장을 보면, '고양이'에는 '가'가, '성태'에는 '를'이 붙어 있다. 이게 바로 품사의 관계를 표시해주는 조사다. '고양이'가 주어, '성태'가 목적어란 뜻이다. 조사 덕분에 어떤 단어가 주어인지 목적어인지가 정해지므로, 위치가 바뀌어도 역할이 달라지지 않는다. 달리 말해, 우리말은 단어를 배열하는 순서인 어순이 바뀌어도 뜻은 같다.

우리말은 조사가 중요한 역할을 한다. '성태도 공부한다. 성태만 공부한다. 성태면 공부한다.'에서 '도', '만', '면'과 같은 조사 하나로 의미가 얼마나 달라지는가.

영어에는 조사가 없다. 이것은 엄청난 차이다. 영어는 한 문장에서 어떤 단어가 주어인지 목적어인지가 문장 속의 순서로 결정된다. 달리 말하면 영어에서는 단어를 배열하는 어순이 바뀌면 뜻이 달라진다. 따라서 성태를 고양이 깨문 인간으로 만들지 않으려면 어순을 반드시 지켜야 한다.

어순이 얼마나 중요한지 다음 예문에서 살펴보자.

· You are a student. → Are you a student?

· 너는 학생이다. → 너는 학생이니?

영어는 주어와 동사의 순서를 뒤집고 물음표를 붙여 평서문을 의문문으로 바꿀 수 있다. 반면 우리말은 의문문이어도 어순이 같다.

> **공신 check** 영어회화는 영어식 사고방식에 맞게 단어를 나열하는 것일 뿐이다. 순서 맞히기 같은 게임인 것이다. 게다가 회화는 평서문과 의문문이 90% 이상이다! 이것이 이 책의 모든 본문을 슬래시로 끊고 해석까지 영어 어순으로 재배열한 이유다.

I don't

Q. '난 그 생각에 반대해'를 영어로 하면?

⚡ Pattern

031 I don't want (to + 동사)

- I don't want ice cream.
- I don't want to bother you.

032 I don't think

- I don't think a walking tour is a good idea.
- I don't think so.
- I don't think that's possible.

033 I don't know (의문사)

- I don't know.
- I don't know / what to say.
- I don't know / how to get over* this.

느낌 빡! 부정문에 do가 붙는 이유

부정문 중 빈도 1위는 I don't다. don't는 do not의 축약형이다. 부정문이면 not만 붙여 I not 이라고 하지 왜 do까지 붙일까? 의문문에 do를 붙이는 원리와 같다(Day 03 참고). 원래 영어의 일반동사는 모두 do와 함께 썼다. 시간이 흐르면서 do 없이 쓰이기 시작했지만, 의문문과 부정 문에서는 do가 붙은 상태 그대로 남게 된 것이다.

나는 ~하지 않는다

★ 책날개로 왼쪽 페이지를 가린 뒤 영어로 말할 수 있으면 체크! 셀로판 필터를 대면 힌트 단어가 사라집니다.

나는 원하지 않는다 (~하기를)

☐ 아이스크림 안 먹을래.

☐ 귀찮게 해드리고 싶지 않아요.

나는 ~라고 생각하지 않는다

☐ 도보 관광은 좋은 생각이 아닌 것 같아.

☐ 난 그렇게 생각 안 해.

☐ 난 그게 가능할 것 같지 않아.

나는 모른다 (무엇을/어떻게)

☐ 몰라.

☐ 모르겠습니다 / 무슨 말을 해야 할지.

☐ 모르겠어요 / 이걸 어떻게 극복해야 할지. *get over 건너다, 극복하다

느낌 빡! 상대방과 의견이 다를 때

상대방과 의견이 다를 때 뭐라고 말하면 좋을까? '너 틀렸어.'라고 말하는 경우는 거의 없다. 가장 흔히 쓰이는 표현인 'I don't think(나는 ~라고 생각하지 않아)'가 훨씬 부드러운 표현이다. 그 뒤에 아니라고 생각하는 내용을 붙이기만 하면 된다. 단순히 상대방의 말에 반대하는 것이라면 '그렇게'라는 의미를 가진 so를 써서 'I don't think so.'라고 하면 된다.

DAY 12
I don't think a walking tour is a good idea

🎙️ Dialogue

A What do you want to do / today?

B Why don't we take a walking tour downtown*?
I heard it's a must-do**.

A I don't think a walking tour is a good idea.

B Why not?

A It's very cold / and windy / today. We might catch a
cold* / if we walk outside too long.

느낌 빡! 유용한 날씨 표현

날씨 표현을 알아두자. 처음 만난 사람과 부담 없이 대화할 때 좋다. clear(맑은), nice(화창한), sunny(화창한), warm(따뜻한), dry(건조한), mild(온화한), cloudy(흐린), gloomy(음울한), rainy(비 오는), drizzle(이슬비), shower(소나기), heavy rain(폭우), thunder(천둥), lightning(번개), hail(우박), snowy(눈 내리는), hot(더운), boiling(지독히 더운), muggy(후텁지근한), humid(습기 있는), cool(시원한), chilly(으스스한), cold(추운), freezing(몹시 추운)

도보 관광은 좋은 생각이 아닌 것 같아

★ 책날개로 왼쪽 페이지를 가린 뒤 영어로 말할 수 있으면 체크! 셀로판 필터를 대면 힌트 단어가 사라집니다.

☐ A 무엇을 하길 원하니 / 오늘?

☐ B 시내 도보 관광을 하는 것이 어때요? 꼭 해봐야 한다는 말을 들었어요.

   *downtown 시내에(로), 도심지 **must-do 꼭 해야 할 일, 필수 사항

☐ A 도보 관광은 좋은 생각이 아닌 것 같아.

☐ B 왜 아니죠?

☐ A 아주 추워 / 바람이 불고 / 오늘은. 우린 감기에 걸릴지도 몰라 / 만일 밖

   에서 너무 오래 걷게 되면. *catch a cold 감기 들다

I've + 과거분사

Q. 어떤 상황이나 사람을 처음 봤다는 말을 영어로 하면?

⚡ **Pattern**

034   **I've + 과거분사**

- I think I've seen it / before.
- I've got your point. (I get your point.)
- I've heard a lot / about you.

035   **I've never + 과거분사**

- I've never even heard of it.
- I've never seen you / before / on the subway.

036   **I've already + 과거분사**

- I've already* finished it.
- I've already made dinner.
- I've already been there.

느낌 빡!   현재 완료 외울 필요 없다

I've는 I have의 줄임말이다. 'I've + 과거분사'는 문법적으로 현재 완료 구문이다. 과거에 일어난 일이 지금까지 이어지고 있는 상황을 표현한다. 그런데 어렵게 외울 필요 없다. 과거분사는 '~된', 즉 완료의 의미를 가진다(영문법 #2 참고). 거기에 have(가지다)가 붙었으니 직역하면 '어떻게 된 상태를 가지고 있다'고 해석할 수 있다. 과거에 시작해 어떻게 된 상태를 지금 가지고 있는 것, 이게 바로 현재 완료다.

나는 ~했다(완료, 경험)

★ 책날개로 왼쪽 페이지를 가린 뒤 영어로 말할 수 있으면 체크! 셀로판 필터를 대면 힌트 단어가 사라집니다.

나는 ~했다(완료, 경험)

- ☐ 본 적이 있는 것 같아요 / 전에.
- ☐ 무슨 말인지 알았어.
- ☐ 나는 많이 들었습니다 / 당신에 관해.

나는 결코 ~하지 않았다

- ☐ 들어본 적도 없습니다.
- ☐ 나는 당신을 본 적이 없어요 / 전에는 / 지하철에서.

나는 이미 ~했다

- ☐ 이미 다 끝냈어요. *already 이미, 벌써
- ☐ 나는 이미 저녁을 만들었어요.
- ☐ 거기 벌써 가봤어요.

느낌 빡! already와 함께 쓰는 현재 완료

현재 완료는 말 그대로 지금 이미 완료되었음을 의미한다. 그래서 already(이미)가 자주 어울려 쓰인다. already의 어원은 all ready(모두 준비됐다)다. 이미 뭔가 한 상황이면 'I've already + 과거분사'가 입에서 바로 튀어나오도록 연습하자. 'I've already done it!(나 이미 그것 다 했어요!)' 내가 좋아하는 말이다. 숙제든 일이든 심부름이든 미리 해놓고 이렇게 외쳐라.

I've never seen you before

🎙 Dialogue

A I've never seen you / before / on the subway.

B I started taking the subway / just a few days ago.

A Really? I thought you drive to work.
Is your car broken*?

B No, it's not. It's in my garage, / safe and sound.

A Then do you have any special reason / for taking the
subway?

B It's become pretty expensive / to drive / to work /
recently.

느낌 빡! 자동차나 버스, 기차를 타고 내릴 때

'타다'라는 의미의 take는 대화문처럼 대중교통을 이용할 때 주로 쓴다. 엘리베이터나 에스컬레
이터에도 쓸 수 있다. get도 많이 쓴다. 버스, 기차, 비행기 등 큰 이동 수단을 탈 때는 '위에 올
라선다'는 의미의 전치사 on을 더해 get on, 내릴 때는 off를 써서 get off라고 한다. 한편 세단
처럼 비교적 작은 이동 수단에는 '안에 들어간다'는 의미의 전치사 in을 써서 get in, 내릴 때는
get out of를 쓴다.

전에는 당신을 본 적이 없어요

★책날개로 왼쪽 페이지를 가린 뒤 영어로 말할 수 있으면 체크! 셀로판 필터를 대면 힌트 단어가 사라집니다.

- □ A 당신을 본 적이 없어요 / 전에는 / 지하철에서.

- □ B 지하철을 타기 시작했어요 / 며칠 전부터.

- □ A 정말요? 나는 당신이 차로 출근한다고 생각했어요.

    차가 고장 났어요? *broken 깨진, 부러진, 고장난, 끝장난

- □ B 아니요. 제 차고 안에 있어요, / 안전하고 깨끗하게.

- □ A 그럼 당신은 특별한 이유가 있나요 / 지하철을 타는 데?

- □ B 꽤 비싸졌어요 / 운전해서 가는 것이 / 회사까지 / 최근에는.

5회독
체크표 ▶ | 1 | 2 | 3 | 4 | 5 |

66 동기 부여 100% 강성태 어록 ···

집중하지 못하는 이유는 아직 집중할 것을 선택하지 않았기 때문이다.

99

I'd

Q. '택배를 보내고 싶어요'를 영어로 하면?

⚡ Pattern

037 I'd

- I'd be happy / to help you.
- I'd prefer* one / with a zipper.

038 I'd like/love

- I'd like Korean food.
- I'd love the checkered* one.

039 I'd like/love to

- I'd like to send this / to our office downtown.
- I'd like to relax / on a beach.
- I'd love to have that job.

> **느낌 빡!** would는 과거 형태지만 과거의 의미가 아니다
>
> I'd는 I would가 축약된 것이다. would는 will의 과거 형태지만, 과거의 의미보다 추측이나 약한 확신, 공손함의 표현으로 더 많이 쓰인다. I'll 패턴에서 말했듯, will은 무엇을 하겠다는 확실한 의지를 나타내며 미래 시제로 쓰인다. 반면 would는 '무엇을 할 것 같다'라는 의미다. 이때 과거의 의미는 없다. 생김새는 과거형이지만 사실 현재 시제다.

나는 ~할 것 같다

★ 책날개로 왼쪽 페이지를 가린 뒤 영어로 말할 수 있으면 체크! 셀로판 필터를 대면 힌트 단어가 사라집니다.

나는 ~할 것 같다

- □ 나는 기쁠 거예요 / 당신을 도와주면.
- □ 나는 어떤 것을 더 선호할 거예요 / 지퍼가 달린. *prefer ~보다 좋아하다

나는 ~을 원한다

- □ 한식을 먹고 싶어요.
- □ 체크무늬가 있는 걸로 주세요. *checkered 체크무늬의, 가지각색의

나는 ~하고 싶다

- □ 나는 이것을 보내고 싶습니다 / 시내에 있는 우리 사무실로.
- □ 나는 쉬고 싶어요 / 해변에서.
- □ 나는 그 직업을 갖고 싶어요.

느낌 빡! should, could, might도 단순 과거형이 아니다

조동사의 과거형은 과거가 아닌 약한 표현이 될 수 있다. should, could, might도 마찬가지다. shall(~할 것이다)의 과거형인 should는 '~해야 할 것 같다', can(~할 수 있다)의 과거인 could 는 '~할 수 있을 것 같다', may(~일 것이다)의 과거인 might는 '~일 것 같다'로 해석된다. 이 원리를 알면 각각의 뜻을 따로 외울 필요도 없고, 가정법은 외울 것도 없다.

I'd like to send this to our office

🌐 Dialogue

A I'd like to send this / to our office downtown.
How long will it take to get there?

B About five hours.

A Five hours? Is there any way / to get it there / faster?

B Yes, we can deliver it / within two hours / for an extra charge.

A How much will that cost?

B Thirty dollars. But it can be more / depending on* the type / of packaging.

느낌 빡! fast vs. quick vs. rapid

fast는 빠른 속도가 유지될 때 쓴다. a fast train은 '급행열차'다. quick은 순간적인 속도가 빠를 때 쓴다. '민첩한'에 가깝다. quick service라는 말을 자주 쓰는데, 이는 사실 콩글리시다. express delivery라고 해야 한다. rapid는 주로 변화의 속도를 나타내는데, 좀 더 학문적인 맥락에서 쓰인다. rapid change는 '급격한 변화'를 의미한다.

이것을 저희 사무실로 보내고 싶습니다

★ 책날개로 왼쪽 페이지를 가린 뒤 영어로 말할 수 있으면 체크! 셀로판 필터를 대면 힌트 단어가 사라집니다.

- ☐ A 이것을 보내고 싶습니다 / 시내에 있는 저희 사무실로.

  그것을 거기에 보내는 데 얼마나 걸릴까요?

- ☐ B 5시간 정도 걸릴 것 같아요.

- ☐ A 5시간요? 어떤 방법이 있나요 / 그것을 거기에 보내는 / 더 빨리?

- ☐ B 네, 배달해드릴 수 있습니다 / 두 시간 안에 / 추가 요금으로.

- ☐ A 그것은 비용이 얼마 정도 들까요?

- ☐ B 30달러입니다. 하지만 그것은 더 들 수 있습니다 / 종류에 따라 /

  포장의. *depending on ~에 따라

66 동기 부여 100% 강성태 어록 ·······

과도한 계획을 짜고 그 계획을 못 지키고, 못 지켰다고 좌절하고, 그러다 뒤늦게 밀려오는
불안감에 과도한 계획을 짜는 과정이 다시 반복된다. 그래서 하루에 부담되지 않을 만큼씩
66일에 걸쳐 나눠서 실행하는 것이다.

99

DAY 15

I'm -ing

Q. '구매하려고 생각 중이야'를 영어로 하면?

⚡ Pattern

040 I'm thinking (of/about)

- I'm thinking of picking up* some take-out.
- I'm thinking about buying one / of these portable* speakers.

041 I'm calling (to + 동사/about)

- I'm calling to invite you / to a special event.
- I'm calling about renting an apartment.

042 I'm looking (for/at)

- I'm looking for* a blanket / to go with my mattress cover.
- I'm looking at this price comparison* site.

느낌 빡! I'm -ing 패턴은 I'm 패턴의 26%나 된다

I'm -ing 패턴은 문법적으로 현재 진행형이다. '나 가고 있어' '지금 밥 먹고 있어'와 같이 지금 하는 동작을 나타내는 표현에 쓰인다. 사용 빈도 1위인 I'm 패턴 중에서 이 패턴이 차지하는 비중이 26%나 되기에 별도의 패턴으로 구성했다. 일상에서 많이 사용되는 것은 물론이고, 모든 리스닝 시험에서 평균적으로 한 번도 빼놓지 않고 출제되는 패턴이다.

나는 ~하는 중이다

★ 책날개로 왼쪽 페이지를 가린 뒤 영어로 말할 수 있으면 체크! 셀로판 필터를 대면 힌트 단어가 사라집니다.

나는 생각 중이다 (~하는 것을/~에 관해)

☐ 테이크아웃을 해갈까 생각 중이에요. *pick up (사물)을 찾아오다, (사람)을 데려가다

☐ 하나를 살까 해요 / 이 휴대용 스피커들 중에서. *portable 휴대용의, 휴대용 제품

나는 전화 중이다 (~하려고/~에 관해)

☐ 초대하려고 전화드렸습니다 / 특별한 행사에.

☐ 아파트 임대 때문에 전화드렸습니다.

나는 찾고/보고 있다 (~을)

☐ 담요를 찾고 있어요 / 나의 매트리스 커버와 어울리는.

　　*look for ~을 찾다, 구하다, 기대하다

☐ 이 가격 비교 사이트를 보고 있어요. *comparison 비교, 대조

느낌 빡!　현재 진행형도 외울 필요가 없다

현재 진행형은 'be 동사 + -ing'라고 무작정 외웠다. 하지만 이 또한 원리만 알면 외울 필요가 없다. 영어는 동사에 -ing를 붙이면 '~하는'이란 의미의 형용사로 쓸 수 있다(영문법 #2 참고). '생각하다(think)'가 '생각하는'이 되는 것이다. -ing가 형용사니까 'I'm happy.' 같은 문장처럼 I'm 뒤에 붙여서 나의 상태를 나타내면 된다. 놀랍게도, I'm 패턴에 형용사 -ing를 붙인 것, 이게 현재 진행형의 전부다.

DAY 15

I'm thinking of buying this one

🌡 Dialogue

A Hi. Can I get some help / over here?

B Sure. What can I help you with?

A I'm thinking of* buying this washing machine.

B Good choice. It's our best-selling model.

A I really like its design / and it has a lot of useful features*. I'll take it.

B Great. However, you'll have to wait / for two weeks. We're out of* this model / right now.

느낌 빡! I'm thinking of -ing
....

'나 ~할래'보다 '~할까 생각 중이야'라고 말하면 좀 더 조심스러운 느낌을 준다. 남편이나 아내에게 '나 오늘 술 마실래'라고 하면 바로 혼난다. '나 오랜만에 친구들과 술을 마실까 생각 중이야'라고 하면 상대방의 의중을 살짝 떠볼 수도 있다. 한편 '나 이 책을 살까 생각 중이야'라고 하면 100% 확실하진 않지만 살 수도 있다는 의미다.

112

이것을 구매하려고 생각 중이에요

★ 책날개로 왼쪽 페이지를 가린 뒤 영어로 말할 수 있으면 체크! 셀로판 필터를 대면 힌트 단어가 사라집니다.

□ A 안녕하세요. 도움을 얻을 수 있을까요 / 여기?

□ B 물론이죠. 무엇을 도와드릴까요?

□ A 이 세탁기를 구매하려고 생각 중이에요. *think of ~을 고려하다

□ B 잘 선택하셨어요. 이것은 저희의 최다 판매 모델입니다.

□ A 디자인이 정말 마음에 들어요 / 그리고 유용한 기능이 많네요.

　　 이걸 살게요. *feature 특징, 특색을 이루다

□ B 좋습니다. 하지만 기다리셔야 할 거예요 / 2주 동안.

　　 이 모델은 품절이에요 / 지금. *out of ~의 밖으로, (행위·능력의) 범위 밖에

66 동기 부여 100% 강성태 어록 ···

산다는 것은 누군가에게 빚을 지는 과정이나 다름없다. 부모님께, 선생님께, 아내에게, 남편에게, 아이들에게 잠시 시간을 내어 감사의 마음을 전하면 좋겠다. 그들 덕분에 좀 더 힘이 날 테니까.

　　　99

You can

Q. 할인받을 수 있다는 말을 영어로 하면?

⚡ Pattern

043 You can get

- You can get the discount / for both tickets / with your card.
- You can get one free* ticket.

044 You can use

- You can use the delivery* service.
- You can use my phone / if you want to.
- You can use a dictionary / for this exam.

045 You can see

- You can see* it here / on the screen.
- You can see how it works.

느낌 빡! may, might, would의 역할을 하는 can

조동사 can은 능력 외에 허락, 허가, 추측의 의미로도 쓰인다. 조금씩 다르지만, 사실 모두 가능의 의미다. 'You can use my phone(내 전화를 사용할 수 있다).'은 전화를 써도 된다는 허가의 의미다. 'You can't be serious(진심일 리가 없다).'라는 추측 또한 '그럴 수 없다'는 가능의 의미가 확장된 것이다.

너는 ~할 수 있다

★ 책날개로 왼쪽 페이지를 가린 뒤 영어로 말할 수 있으면 체크! 셀로판 필터를 대면 힌트 단어가 사라집니다.

너는 얻을 수 있다

☐ 할인을 받을 수 있어요 / 두 장 모두 / 당신 카드로.

☐ 무료 티켓 한 장을 얻을 수 있습니다. *free 무료의

너는 사용할 수 있다

☐ 배달 서비스를 이용하실 수 있습니다. *delivery 배달, 출산

☐ 내 전화를 써도 돼 / 네가 원한다면.

☐ 사전을 이용하실 수 있습니다 / 이 시험은.

너는 볼 수 있다

☐ 보실 수 있습니다 / 여기 화면에서. *see 보다, 이해하다, 만나다

☐ 어떻게 작동하는지 알 수 있습니다.

느낌 빡!   can과 know는 원래 어원이 같다

can과 know는 어원이 같다. kn만 떼어 읽어보면 can과 발음이 흡사하다. '안다'는 것은 곧 '할 수 있음'을 뜻했다. 공부해서 아는 것이 많아지면 할 수 있는 것도 많아진다. 돈을 벌 수도 있고 꿈을 이룰 수도 있고 어려움에 처한 이웃을 도울 수도 있다. 영어회화에 매진하는 이 시간도 여러분에게 많은 것을 가능하게 해줄 것이다.

You can get the discount

🎙 Dialogue

A Hi, are tickets for the opera still available?

B Yes, we have some, / but near* the back.

A That's okay. How much are they?

B They're $50 each / for adults / and $35 each /
for children.

A I'll take two adult tickets please. I have a membership
card. I get 20% off* / with it, / don't I?

B Yes you do. You can get the discount / for both tickets /
with your card.

느낌 빡! both, either, whether, neither

both는 '두 가지 모두'라는 의미인 반면, either는 '둘 중 하나'라는 의미다. either는 '(둘 중) ~
인지 아닌지'라는 뜻을 가진 whether와 어원이 같다. 발음도, 뜻도 비슷하지 않은가. neither는
'모두 아닌'이라는 의미다. neither는 어원이 not + either다. '둘 중 하나도 아니다'라는 의미다.

당신은 할인을 받을 수 있어요

★ 책날개로 왼쪽 페이지를 가린 뒤 영어로 말할 수 있으면 체크! 셀로판 필터를 대면 힌트 단어가 사라집니다.

□ A 안녕하세요, 아직도 오페라 표를 구입할 수 있나요?

□ B 네, 몇 장 있습니다만, / 뒤쪽 자리인데요. *near 가까운, 거의

□ A 괜찮아요. 표가 얼마지요?

□ B 한 장에 50달러예요 / 성인은 / 한 장에 35달러이고 / 어린이는.

□ A 성인용 표로 2장 주세요. 저는 회원 카드가 있습니다. 20% 할인을
      받지요 / 그것으로, / 그렇죠? *off ~에서 떨어져, 할인되어

□ B 네, 그래요. 할인을 받을 수 있어요 / 두 장 모두 / 당신 카드로.

5회독 체크표 ▶	1	2	3	4	5

Did you

Q. '그 소식 들었어?'를 영어로 하면?

⚡ Pattern

046 Did you get

- Did you get some ice cream / from there?
- When did you get home*?

047 Did you do

- What did you do / last Saturday?
- How did you do / on your test?

048 Did you hear

- Did you hear that / Seaside Hotel in Jeju is looking for a head chef*?
- Did you hear anything / from the director*?

느낌 빡! 매일같이 쓰는 Did you

Did you는 Do you의 과거형으로 Do you 대비 30.1%의 빈도로 쓰인다. 대화 상대방을 향해 묻는 말이니, 그냥 생각해봐도 일상적인 대화에서 많이 쓰일 수밖에 없다. 기출 예문만 봐도 '들었니? 했니? 어떻게 했니? 밥 먹었니? 뭐 했니? 도착했니?' 등 안 나오는 날이 거의 없다고 보면 된다.

~했니?

★ 책날개로 왼쪽 페이지를 가린 뒤 영어로 말할 수 있으면 체크! 셀로판 필터를 대면 힌트 단어가 사라집니다.

너는 얻었니?/도착했니?

□ 아이스크림 좀 샀니 / 거기서?

□ 언제 집에 왔니? *get home 귀가하다, 목적을 달성하다, 적중하다

너는 ~했니?

□ 뭐 했니 / 지난주 토요일에?

□ 어떻게 봤니 / 시험은?

너는 들었니?

□ 소식 들었어요 / 제주에 있는 시사이드 호텔에서 주방장을 찾고

있다는? *chef 요리사, 주방장

□ 뭐 들은 거 없어요 / 감독님한테서? *director 지도자, 영화감독, 지휘자, 연출가

느낌 빡!　What did you do?

'What did you do?' 'How did you do?'는 매우 자주 사용되는 표현이다. 친구를 만났을 경우
보통 인사하고 난 다음에 무슨 이야기를 꺼내는가? 어제 뭘 했는지, 주말에 뭘 했는지, 소개팅은
어땠는지 등을 묻곤 할 것이다. 인사말만큼이나 흔히 쓸 수 있는 표현이니 입에 붙여 놔야 한다.

Did you hear that?

🌀 Dialogue

A Did you hear that / Seaside Hotel in Jeju is looking for a head chef?

B No I didn't. But I'd love to have that job. Tell me about the position.

A Well, you need to start / from next week, / and you have to live / in a dormitory.

B Okay. I can do that. What kind of work experience is required*?

A At least* 5 years / as a chef / at a hotel.

B I've got that.

느낌 빡! not more than과 not less than

'at least(적어도)'의 반대 의미로 'at most(많아야)'를 쓴다. 이 둘은 not more than과 not less than으로 바꿔 쓸 수 있다. 각각 little과 many/much의 비교급과 최상급을 사용한 표현이다.
little – less – least(적은 – 더 적은 – 가장 적은)
many/much(셀 수 있는/없는) – more – most(많은 – 더 많은 – 가장 많은)

소식 들었어요?

★ 책날개로 왼쪽 페이지를 가린 뒤 영어로 말할 수 있으면 체크! 셀로판 필터를 대면 힌트 단어가 사라집니다.

☐ A **소식 들었어요** / 제주에 있는 시사이드 호텔에서 주방장을

찾고 있다는?

☐ B 아니요. 그런데 난 그 일을 정말 하고 싶어요. 그 일자리에 관해

말해줘요.

☐ A 음, 일을 시작해야 해요 / 다음 주부터, / 생활해야 하고 / 기숙사에서.

☐ B 좋아요. 할 수 있어요. 어떤 종류의 경력이 필요해요?

       *required require(필요로 하다)의 과거, 과거분사

☐ A 최소 5년이요 / 주방장으로서 / 호텔에서. *at least 최소한, 적어도

☐ B 그 경력은 있어요.

What's

Q. 무슨 일이 있는지 안부를 물을 때 쓸 수 있는 영어 표현은?

⚡ Pattern

049 What's

- What's the name / of the hair salon?
- What's up?
- What's the movie about?

050 What's that

- What's that?
- What's that / you're reading?

051 What's the matter (with)

- What's the matter*?
- What's the matter / with your car?

느낌 빡! 의문문 패턴 1위, What's

의문사가 사용된 패턴 1위는 What's다. 'What's up?'은 인사로도 사용된다. 직역하면 '뭐가 일어났어?'인데 우리말에서 '별일 없어?'를 인사말로 쓸 수 있는 것과 같다. 물론 친한 친구들 사이에서 사용된다. 채팅에서는 ssup으로 줄여 쓰기도 한다. 혹시 '왓썹'이 '왔어?'를 멋지게 표현한 말이라고 알고 있었는가? 아니다. What's up?이다.

~은 무엇이니?

★ 책날개로 왼쪽 페이지를 가린 뒤 영어로 말할 수 있으면 체크! 셀로판 필터를 대면 힌트 단어가 사라집니다.

~은 무엇이니?

□ 이름이 뭐예요 / 그 미용실의?

□ 무슨 일이야?/어떻게 지내세요?

□ 그 영화는 무슨 내용이에요?

그게 무엇이니?

□ 그게 뭔데요?

□ 그게 뭐야 / 네가 읽고 있는?

무슨 일 있니? (~에)

□ 무슨 일 있니? (왜 그러니?) *matter 문제, 상황, 중요하다

□ 무슨 문제가 있어요 / 당신 차에?

느낌 빽! What's the matter?

상대방의 표정이나 상태가 안 좋아 보이면 'What's the matter?'라고 말하면 된다. 원래 '뭐가 문제야? 무슨 일 있어?'라는 의미인데, 상황에 따라 타인에게 건네는 인사말이 될 수도 있다. 한편 무엇이 문제인지 물을 땐 이런 표현이 가능하다. What's wrong?(뭐가 잘못됐니?) What's the problem?(뭐가 문제야?) What's the occasion?(무슨 일이야?)

DAY 18

What's the matter?

🎙 Dialogue

A You look so puzzled* David. What's the matter?

B I got this present / from my friend / yesterday, / but all the instructions are written in* Chinese.

A So you don't know / how to use it?

B I don't even know what it is!

A Why don't you ask your friend?

B I can't get in touch with* him.

느낌 빡!   김비서가 왜 그럴까?

'What's the matter?' 'What's the problem?' 'What's wrong?' 모두 거의 같은 표현이다. 다음과 같이 문제가 되는 대상이나 사람을 with로 연결해주면 된다. What's the matter with my car? What's the matter with it? What's the matter with you? 인기 드라마 〈김비서가 왜 그럴까?〉의 영어 제목은 〈What's Wrong with Secretary Kim〉이었다.

무슨 일 있니?

★ 책날개로 왼쪽 페이지를 가린 뒤 영어로 말할 수 있으면 체크! 셀로판 필터를 대면 힌트 단어가 사라집니다.

☐ A 데이비드, 너 곤혹스러워 보인다. 무슨 일 있니? *puzzled 어리둥절해하는, 얼떨떨한

☐ B 이 선물을 받았어 / 내 친구에게서 / 어제, / 그런데 모든 설명이
　　　중국어로 쓰여 있어. *be written in 쓰여 있다

☐ A 그러면 너는 모르겠구나 / 그것을 어떻게 사용하는지.

☐ B 나는 그게 뭔지조차 모르겠어!

☐ A 네 친구에게 물어보는 건 어때?

☐ B 나는 그와 연락이 되질 않아. *get in touch with ~와 연락을 취하다

5회독 체크표 ▶	1	2	3	4	5

❝ 동기 부여 100% 강성태 어록 ·············

많은 이가 높은 곳에 서길 원하면서도 낮은 데서부터 시작하려 들지 않는다. 그래서 높은
곳에 영영 가지 못한다.

❞

How/What about

Q. 새것을 사면 어떨지 물어보는 말을 영어로 하면?

⚡ Pattern

052 How about (you)

- How about you?
- How about Korean food instead*?

053 How about -ing

- How about buying a travel guide?
- How about getting something / to eat?
- How about buying a new coffee maker / for the office?

054 What about

- What about this one?
- What about June 4th?

느낌 빡! How about ~?

'How about ~?'은 직역하면 '~에 관한 게 어떻냐?'는 의미다. 의미만 봐도 광범위하게 자주 쓰일 수 있다는 걸 알 수 있다. 예문에서처럼 음식 등이 어떤지 물을 때뿐 아니라 무엇을 하자고 제안할 때 쓸 수도 있다. 종종 상대방이 인사하면 내 상태에 관해 답을 한 뒤, 당신은 어떠냐고 인사를 돌려줄 때 쓸 수 있다.

~은 어때?

★ 책날개로 왼쪽 페이지를 가린 뒤 영어로 말할 수 있으면 체크! 셀로판 필터를 대면 힌트 단어가 사라집니다.

~은 어때? (너는)

☐ 너는 어때?

☐ 대신 한국 음식은 어때요? *instead 대신에

~하는 것은 어때?

☐ 여행 안내서를 사는 건 어때?

☐ 뭘 좀 얻는 게 어때요 / 먹을?

☐ 새 커피 메이커를 사는 게 어때요 / 사무실용으로?

~은 어때?

☐ 이거 어때요?

☐ 6월 4일은 어때?

느낌 빡!   What about ~?

What about 패턴은 How about 대비 43.1%의 빈도다. 절반 이하다. 이유가 있다. 둘의 쓰임이 살짝 다르다. 둘 다 의미는 같지만, 'What about ~?'이라는 표현은 대개 부정적으로 쓰여 '이건 어떡하고 ~'라는 느낌이 있다. 혹은 'How about ~?'으로 처음 제안한 뭔가를 상대방이 거절했을 때 그다음 제안을 던지는 데 주로 쓰인다.

How about buying a new coffee maker?

🎙 Dialogue

A Tom, look at this flyer*. Home appliances are on sale** / this week.

B Hmm. How about buying a new coffee maker / for the office? Our's is too old and breaks down often.

A Do you have a particular* model / in mind?

B Well, I'd like one / with a built-in grinder / so that our coffee tastes fresh.

A But we already have a grinder.

B Oh, right. Then let's choose one / without a grinder, / but with a cup warmer.

느낌 빡! 할인과 관련된 표현

on sale은 '할인 중'이란 의미다. 모 커피숍에서는 일종의 할인 서비스로 '보고 쿠폰'을 발행한다. 광고를 '보고' 이벤트에 참여하란 뜻인가? 보고 쿠폰의 BOGO는 'Buy one get one free.'의 앞글자만 딴 것이다. '하나를 사면 다른 하나는 공짜'라는 뜻으로, 흔히 볼 수 있는 1+1(one plus one) 마케팅 전략이다.

새 커피 메이커를 사는 게 어때요?

★ 책날개로 왼쪽 페이지를 가린 뒤 영어로 말할 수 있으면 체크! 셀로판 필터를 대면 힌트 단어가 사라집니다.

□ A 톰, 이 광고 전단을 보세요. 가전제품들을 할인 판매하네요 /

이번 주에. *flyer 비행사, (광고·안내)전단 **on sale 판매되는, 할인 중인

□ B 음. 새 커피 메이커를 사는 게 어때요 / 사무실용으로?

우리 것이 너무 오래되어서 자주 작동이 안 되네요.

□ A 특정한 모델이 있으세요 / 생각해두신? *particular 특별한, 특정한

□ B 음, 저는 그런 것이 좋아요 / 분쇄기가 내장되어 있는 /

그래서 커피 맛이 신선한.

□ A 그런데 우리는 이미 분쇄기가 있잖아요.

□ B 아, 맞네요. 그러면 하나 고릅시다 / 분쇄기가 없는, /

하지만 보온기가 있는.

I see/know

Q. 상대방의 말을 이해했다는 말을 영어로 하면?

⚡ Pattern

055 **I see/know**

- I see.
- I see your point*.
- I know that / the company is well known / for*
  advertising.

056 **I see + 의문사**

- I see / what you mean.
- I see / why he is so famous.

057 **I know + 의문사**

- I know / how much you love Chinese food.
- I know / what you mean.

느낌 빡! I see 하나로도 충분하다

I see 패턴에서는 'I see.'라는 이 하나의 문장이 사용 빈도의 73.9%를 차지한다. 그도 그럴 것이 'I see your point.' 'I see what you mean.' 'I see why he is so famous.' 모두 'I see.'라고만 말해도 문제가 없다. 즉, '알겠다'는 말이 가리키는 내용을 굳이 뒤에 써줄 필요가 없다. 방금 나눈 대화 속 내용이니, 무엇을 알겠다는 것인지 그 대상이 명확하기 때문이다.

알겠어요/알아요

★ 책날개로 왼쪽 페이지를 가린 뒤 영어로 말할 수 있으면 체크! 셀로판 필터를 대면 힌트 단어가 사라집니다.

나는 안다

- ☐ 그렇구나 / 알겠어요.
- ☐ 무슨 말씀인지 알겠어요. *point 의견, 요점, 가리키다
- ☐ 나는 알아요 / 그 회사가 잘 알려져 있는 것을 / 광고로.

  *be well known for ~으로 잘 알려져 있다

나는 무엇을/어떻게/왜 ~한지 안다

- ☐ 알겠어요 / 무슨 뜻인지를.
- ☐ 알겠어요 / 그가 왜 그렇게 유명한지를.

나는 무엇을/어떻게/왜 ~한지 안다

- ☐ 압니다 / 당신이 중국 음식을 얼마나 좋아하는지를.
- ☐ 알아요 / 무슨 뜻인지를.

느낌 빡! | I see와 I know

I see와 I know를 비교하면서 공부하면 훨씬 이해하기 쉽다. 'I see.'는 대화하는 중에 지금 알게 되었다는 뜻인 반면 'I know.'는 이미 알고 있다는 뜻이다. 둘 다 '안다'를 의미하지만, 이런 차이를 고려해 상황에 맞게 써야 한다. 상대방이 설명해주어서 방금 이해하게 되었음을 표현하려면 'I know.'가 아니라 'I see.'라고 해야 옳다.

I see what you mean

🎤 Dialogue

A You should choose a more level-appropriate* English book. You'll be able to read faster.

B That makes sense*. But I thought I would learn English better / if I read difficult things.

A Well, when learners read English books / that are too hard, / they get exhausted and easily give up studying.

B I see what you mean.

A Reading at an appropriate level / is more enjoyable / and motivates learners / to keep going.

느낌 빡! an appropriate level(적절한 난이도)의 중요성

여러분은 무엇이든 배운 것으로 꿈을 이루고 성공할 수 있다. 다만 한 가지를 지켜야 한다. 바로 적절한 난이도다. 많은 학습자가 조급해하며 무리한 계획을 짜고 자기 수준보다 훨씬 어려운 내용으로 공부한다. 하지만 서두르면 시간이 더 걸린다. 차근차근 실력을 쌓아야 재미도 느끼고 더 빨리 꿈을 이룬다. 느리지만 포기하지 않는 사람들이 결국에 성공하는 이유다.

무슨 말씀인지 알겠습니다

★ 책날개로 왼쪽 페이지를 가린 뒤 영어로 말할 수 있으면 체크! 셀로판 필터를 대면 힌트 단어가 사라집니다.

□ A 넌 보다 더 수준에 맞는 영어책을 골라야 할 것 같구나. *appropriate 적절한

더 빨리 읽을 수 있을 거야.

□ B 그 말씀이 일리 있네요. 하지만 저는 영어를 더 잘 배우게 될 것이라고

생각했어요 / 제가 어려운 것들을 읽으면. *make sense 의미가 통하다, 타당하다,

□ A 음, 학습자들이 영어책을 읽을 때는 / 너무 어려운, /

지쳐서 쉽게 공부를 포기하게 되지.

□ B 무슨 말씀인지 알겠습니다.

□ A 적절한 수준에서 읽는 것이 / 더 즐겁고 / 학습자들에게

동기를 부여해준단다 / 계속하도록.

5회독
체크표 ▶ | 1 | 2 | 3 | 4 | 5

❝ 동기 부여 100% 강성태 어록 ······························

누구나 최고가 될 능력이 있다. 다만 엉뚱한 데 시간을 쏟고 있을 뿐이다.

······························· ❞

I can

Q. 내 능력으로 할 수 있을 때 혹은 <u>스스로</u>를 응원할 때도 쓸 수 있는
영어 표현은?

⚡ Pattern

058 **I can help**

- Is there anything else / I can help you with?
- I can help you prepare*.

059 **I can do**

- I can do that.
- Is there anything / I can do / for you?
- I can do it / right away / on my laptop.

060 **I can get**

- I can get this done.
- I can get one / from the office.
- I can get one.

느낌 빡! I can과 You can

You can이 I can보다 자주 사용된다. I can은 You can 대비 89%의 빈도다. You can(너는 할
수 있다)은 허락의 의미로 자주 쓰인다. 앞서 'You can use my phone(너는 내 전화를 사용할
수 있다).'은 '내 전화를 써도 된다'는 허가의 의미임을 설명했다(Day 16 참고). 반면 자기 자신
에게 뭔가를 허락할 일은 드물기 때문에 I can은 '할 수 있다'는 의미로만 사용된다.

나는 ~할 수 있다

★ 책날개로 왼쪽 페이지를 가린 뒤 영어로 말할 수 있으면 체크! 셀로판 필터를 대면 힌트 단어가 사라집니다.

나는 도울 수 있다

- □ 뭐 다른 건 없니 / 내가 너를 도울 수 있는?
- □ 내가 네가 준비하도록 도와줄 수 있어. *prepare 준비하다, 대비하다

나는 할 수 있다

- □ 난 할 수 있어.
- □ 어떤 게 있나요 / 제가 해드릴 수 있는 / 당신을 위해?
- □ 저는 그것을 할 수 있습니다 / 바로 / 제 노트북을 써서.

나는 얻을 수 있다

- □ 나는 이 일을 해낼 수 있어.
- □ 하나 구할 수 있어요 / 사무실에서.
- □ 하나 얻을 수 있어.

느낌 빡! 사역동사도 외울 필요 없다

get은 뜻이 정말 많다. 'I can get this done.'에서 get은 '~이 되게 하다'라는 뜻인데, 이때 get은 사역동사로 쓰였다. '사역'은 어떤 역할을 시킨다는 뜻이다. done은 '완료된'이란 뜻이므로 get ~ done은 '완료되게 만든다'는 의미다. 그런데 사역동사라고 따로 외울 필요 없다. '~되게 시킨다'는 것은 '~된 상태를 얻다'처럼 기본 의미인 '얻다'가 조금 확장된 것일 뿐이다.

DAY 21

I can do it

🎙 Dialogue

A There's a water leak* / under the sink.

B Let me see⋯. I think the nut on the pipe is loose*.

A Do you think / we can fix* it / or do we need to call a plumber?

B I can do it. All I have to do is tighten the nut / with a wrench.

A Wait. I lent* our wrench to Susan / the other day. She hasn't returned it / yet.

느낌 빡!　헷갈리는 '빌리다'와 '빌려주다'

영어에서 '빌리다'라는 표현은 몇 가지로 구분해서 쓴다. borrow는 비용을 내지 않고 빌리는 것이다. rent는 비용을 내고 빌리는 것이다. 렌터카(rental car)를 떠올리자. lend는 빌리는 것이 아니라 반대로 '빌려준다'는 의미다. 대화문에 나온 lent는 lend의 과거형이기 때문에 '내가 빌려준 것'을 뜻한다. 이제 헷갈릴 일이 없을 것이다.

136

내가 할 수 있어요

★ 책날개로 왼쪽 페이지를 가린 뒤 영어로 말할 수 있으면 체크! 셀로판 필터를 대면 힌트 단어가 사라집니다.

□ A 누수가 있어요 / 싱크대 밑에. *leak 새다, 새는 곳, 누출

□ B 어디 보자…. 파이프의 너트가 느슨해진 것 같아요. *loose 느슨한, 풀다

□ A 생각하세요 / 우리가 고칠 수 있다고 / 아니면 배관공을 불러야

할까요? *fix 고정시키다, 정하다, 수리하다

□ B 내가 할 수 있어요. 너트를 조이기만 하면 돼요 / 렌치로.

□ A 잠깐, 수전에게 렌치를 빌려줬어요 / 저번에.

그녀가 그것을 돌려주지 않았어요 / 아직. *lent lend(빌려주다)의 과거, 과거분사

66 동기 부여 100% **강성태 어록**

이것 보라. 21일까지 해내지 않았는가? 이렇게 잘 해낼 줄 알았다. 기특해서 깨물어주고 싶다. 지금 느낌 좋다. 계속해서 66일 박살 내고 치킨 사 먹으러 가자.

99

왜 자꾸 잉잉거리는 거야?

#현재분사 #과거분사 #동명사

 뭐가 문제야 say something ♪

여러분이 언어의 신이고, 직접 언어를 만든다고 상상해보라. 일단 사물 하나하나에 이름을 붙여 명사를 만든다. 이제 사물의 성질이나 상태를 나타내는 형용사를 만들고자 한다. 한두 개도 아니고 너무 빡세다.

 외울 필요 없잖아 Don't worry ♪

그래서 좋은 방법을 쓰기로 했다. 동사를 변형해 형용사로 활용하는 방법이다! 예를 들어보자. 우리말에서는 동사 '먹다'를 '먹는'으로 바꾸면 형용사가 된다. 영어는 어떨까? 영어에도 아주 손쉬운 방법이 있다. 동사에 -ing만 붙이면 된다. eat을 eating으로 만드는 식이다. 이러면 수천수만 가지 형용사를 표현할 수 있다. 얼마나 효율적인가?

이렇게 만든 형용사를 '분사'라고 한다. 아마 지금까지 분사의 이름이 왜 분사인지 궁금해한 적이 없는 분이 많을 것이다. 분사는 한

자로 '나눌 분(分)'을 쓴다. 동사에서 '분'리되어 나왔다는 의미다. '분점'이 본점에서 갈라져 나온 지점을 뜻하는 것과 마찬가지다.

영어에는 두 종류의 분사가 있다. 현재분사와 과거분사다. 둘의 차이는 이름 그대로다. 현재분사는 '현재'에도 진행하고 있음을, 과거분사는 '과거'에 일어나서 이미 완료되었음을 의미한다. 현재분사는 동사에 '-ing'를 붙이는데 과거분사는 더 쉽다. 대부분 동사의 과거형을 그대로 쓴다. 동사 develop의 예시를 보면 느낌이 빡 올 것이다.

developing	vs.	developed
현재분사		과거분사
~하는(진행/능동)		~된(완료/수동)
developing country (개발되는 중인) 개발도상국		developed country (개발이 완료된) 선진국

공신 check '먹는 것'은 영어로 어떻게 표현할까? 현재분사와 마찬가지로 동사 eat에 -ing를 붙인 eating이다. 동사를 명사로 쓴다고 해서 이를 동명사라고 부른다. 그런데 현재분사와 동명사의 형태가 같다! 그 이유는 뭘까? 동명사가 현재분사에서 유래했기 때문이다. 우리말로 표현하면 현재분사는 '~하는'이고, 동명사는 '~하는 것'으로, 딱 '것' 한 글자 차이이다. 언뜻 보면 헷갈릴 수 있지만 걱정할 것 없다. 영어는 단어가 나오는 위치에 따라 문장 성분이 결정된다는 점만 명심하면 된다 (영문법 #1 참고). 즉, 동명사는 명사 자리에 나와 명사 역할을 하고, 현재분사는 형용사 자리에 나와 형용사 역할을 한다.

Are you -ing

Q. 가까운 미래에 무엇을 할지 묻는 말을 영어로 하면?

⚡ Pattern

061 Are you -ing

- Are you sitting / with anyone?
- Are you working late / again?
- Are you kidding* me?

062 Are you doing

- What are you doing?
- Why are you doing this / in the morning?

063 Are you going (to + 동사)

- Where are you going?
- What are you going to do / with them?

느낌 빡!　생긴 건 현재인데 뜻은 미래?

'What are you doing tomorrow?'는 '내일 뭐해?'라는 뜻으로 아주 흔히 쓰는 표현이다. 그런데 이상하지 않은가? tomorrow를 뺀 'What are you doing?'은 '(지금) 뭐해?'라는 뜻이다. 분명 미래에 대한 이야기인데, will이나 be going to 등 미래 표현이 없다. 이게 바로 '가까운 미래는 현재 진행형으로 표현한다'는 원칙의 예다.

너는 ~하고 있니?

★ 책날개로 왼쪽 페이지를 가린 뒤 영어로 말할 수 있으면 체크! 셀로판 필터를 대면 힌트 단어가 사라집니다.

너는 ~하고 있니?

- ☐ 너는 앉아 있니 / 누구와 함께?
- ☐ 당신은 늦게까지 일하세요 / 또?
- ☐ 나한테 농담하는 거지? *kid 놀리다, 장난치다

너는 ~을 하고 있니?

- ☐ 뭐 하고 있어?
- ☐ 왜 이걸 하고 있어요 / 아침에?

너는 가니?/너는 할 거니? (~하기를)

- ☐ 너 어디 가?
- ☐ 무엇을 하실 건가요 / 그것들로?

느낌 빡! 현재는 가까운 미래까지 표현한다

번역기에 돌려봐도 '내일 뭐해?'는 'What are you doing tomorrow?'로 나올 것이다. 어렵게 생각할 것 없다. 이미 여러분도 잘 알고 있는 사실이다. '내일 뭐해?'에서 '뭐해?'의 시제가 뭔가? 현재다. '내일 뭐 할 거야?'처럼 미래 의미를 담아 표현할 수도 있지만 현재 시제로도 충분하다. 우리말이든 영어든 가까운 미래의 일이라면, 현재 시제를 쓸 수 있다.

What are you going to do?

🎙 Dialogue

A Mr. Parker, what are you doing?

B Hi, Ms. Brown. I'm looking through* some pamphlets / from the zoo.

A Wow! That's a lot of pamphlets. What are you going to do / with them?

B I'm making some reading material / for our field trip* / to the zoo.

A Good idea! That'll make students more excited.

느낌 빡! 상황에 따라 다른 단어 '여행'

일반적인 여행을 뜻하는 travel은 trouble(괴로운)에서 나온 단어다. 호텔도 교통수단도 없던 옛날의 여행은 그야말로 고통이었기 때문이다. trip은 업무나 여가 목적의 길지 않은 여행을 말한다. journey는 우리말로 '여정'에 해당하는 단어다. 마지막으로, tour의 어원은 turn이다. 그래서 한 곳이 아닌 여러 곳을 도는 여행이다. 아이돌 가수의 월드투어가 '투어'인 이유다.

무엇을 하실 건가요?

★ 책날개로 왼쪽 페이지를 가린 뒤 영어로 말할 수 있으면 체크! 셀로판 필터를 대면 힌트 단어가 사라집니다.

☐ A 파커 씨, 뭐하고 계세요?

☐ B 안녕하세요, 브라운 씨. 몇 가지 팸플릿을 훑어보고 있어요 /

동물원에서 온. *look through 훑어보다

☐ A 와! 팸플릿이 정말 많네요. 무엇을 하실 건가요 / 그것들로?

☐ B 읽기 자료를 좀 만들고 있어요 / 현장학습을 위한 / 동물원.

*field trip 견학, 현장 학습

☐ A 좋은 생각이에요! 그건 학생들을 더 신나게 할 거예요.

66 동기 부여 100% 강성태 어록 ⋯⋯⋯⋯⋯⋯⋯⋯⋯⋯⋯⋯⋯⋯⋯⋯⋯⋯⋯⋯⋯⋯⋯⋯⋯⋯⋯⋯⋯⋯⋯⋯

"나 이렇게나 열심히 공부했어요. 나는 성실한 사람입니다." 이렇게 과시할 필요가 없다.
정말 열심히 하면 주변 사람들이 알아서 이 말을 해줄 테니까.

99

Can I

Q. '질문해도 되나요?'를 영어로 하면?

⚡ Pattern

064 Can I help

- What can I help you with?
- Can I help you?
- How can I help you?

065 Can I use

- Can I use your bathroom?
- Can I use your phone?
- Can I use this 10% discount coupon?

066 Can I ask

- Can I ask you / a favor*?
- Can I ask you / something?

느낌 빡! 허락의 의미를 지닌 Can I

Can I는 앞서 본 I can의 can과는 달리, 주로 허락의 의미로 사용된다. May I보다 격식을 덜 차린 표현으로, 더 자주 사용된다. '내가 할 수 있을까?', 즉 '내가 해도 될까?'라는 의미이다. 해외여행을 가면 화장실이나 전화를 써도 되는지, 어떤 곳에 갔는데 사진을 찍어도 되는지 등 물어볼 일이 굉장히 많다. 이때 사용되는 표현이니 반드시 알아둬야 한다.

내가 ~할 수 있을까?

★ 책날개로 왼쪽 페이지를 가린 뒤 영어로 말할 수 있으면 체크! 셀로판 필터를 대면 힌트 단어가 사라집니다.

내가 도와줘도 될까?

□ 무엇을 도와드릴까요?

□ 제가 좀 도와드릴까요?

□ 어떻게 도와드릴까요?

내가 사용해도 될까?

□ 화장실을 써도 될까요?

□ 당신의 전화를 써도 될까요?

□ 이 10% 할인 쿠폰을 사용할 수 있을까요?

내가 요청해도/물어봐도 될까?

□ 해도 될까요 / 부탁 하나? *favor 호의, 부탁, 찬성하다

□ 물어봐도 될까요 / 뭐 좀?

느낌 빡! 허락의 의미를 지닌 May I

May I는 '~해도 될까요?'라는 뜻으로 Can I보다 공손한 표현이다. might는 may의 과거형이지만, 동일한 철자의 명사로도 쓰이는데 '힘, 권력'을 뜻한다. mighty는 '힘센'이란 뜻으로, may와 어원이 같다. 허락해주는 것은 곧 권한과 힘을 실어주는 것이기 때문이다. '마법'을 뜻하는 magic도 어원이 같다. 마법이 곧 힘이기 때문이다.

Can I ask you a couple of questions?

🎙 Dialogue

A Excuse me, but can I ask you a couple of* questions /
for this survey?

B Okay.

A First, how often do you exercise :
A : 'never', B : 'hardly ever', C : 'sometimes' or D : 'often'?

B Well, I try to stay healthy, so my answer is D.

A Okay. Second question. How often do you eat fast food :
A: 'never', B: 'hardly ever', C: 'sometimes' or D : 'often'?

B I guess the answer would have to be C.

느낌 빡! 빈도를 표현하는 영단어

다음은 빈도를 표현하는 영단어다. 100%에 가까울수록 자주 일어나는 일이다. 대략적인 수
치나 감을 잡는 데 도움이 될 것이다. 100%: always, 90%: usually, 80%: normally/
generally, 70%: often/frequently, 50%: sometimes, 30%: occasionally, 10%: seldom/
rarely/hardly ever, 0%: never.

몇 가지 질문을 드려도 될까요?

★ 책날개로 왼쪽 페이지를 가린 뒤 영어로 말할 수 있으면 체크! 셀로판 필터를 대면 힌트 단어가 사라집니다.

☐ A 실례지만, 몇 가지 질문을 드려도 될까요 / 이 설문 조사를 위해?

　　　　*a couple of 두 사람의, 몇 개의

☐ B 좋아요.

☐ A 첫 번째, 얼마나 자주 운동하세요?

　　　A: '전혀 안 한다' B: '거의 안 한다' C: '가끔 한다' 또는 D: '자주 한다'.

☐ B 음, 저는 건강을 유지하려고 노력하니까 제 답은 D입니다.

☐ A 네. 두 번째 질문입니다. 패스트푸드를 얼마나 자주 드세요?

　　　A: '전혀 안 먹는다' B: '거의 안 먹는다' C: '가끔 먹는다' 또는 D: '자주 먹는다'.

☐ B 제 대답은 C가 되어야 할 것 같아요.

5회독 체크표 ▶	1	2	3	4	5

Is it

Q. '뭔데 그래?'를 영어로 하면?

⚡ Pattern

067 **Is it**

- What is it?
- Is it today?
- Is it yours?

068 **Is it because**

- Is it because midterm exams are coming up*?
- Is it because of the size?

069 **Is it possible (to + 동사)**

- Is it possible / to stay one more night?
- Is it possible / to accomplish that many goals?

느낌 빡!   Is it이 잘 들리지 않는 이유

It's 패턴에서 It's가 별 의미를 갖진 않는다고 했는데, Is it도 마찬가지다. 심지어 생략해도 의미를 전달하는 데는 문제가 없다. 의미가 약하면 약할수록 발음도 약해지기 때문에 잘 들리지도 않는다. '이즈잇'이 '짓'이라고 들릴 정도로 빨리 발음하고 넘어가기 때문에 '짓 투데이?'처럼 들릴 것이다. 이것은 Is it이 문법적인 역할을 하기 위해 존재하는 기능어이기 때문이다.

그것은 ~이니?

★ 책날개로 왼쪽 페이지를 가린 뒤 영어로 말할 수 있으면 체크! 셀로판 필터를 대면 힌트 단어가 사라집니다.

그것은 ~이니?

- □ 그게 뭔데요?
- □ 오늘인가요?
- □ 그것은 당신의 것인가요?

그것은 ~ 때문이니?

- □ 중간고사가 다가와서 그런가? *come up (땅을 뚫고) 나오다, 생기다, 다가오다
- □ 크기 때문인가요?

~하는 것이 가능하니?

- □ 가능할까요 / 하룻밤을 더 묵는 것이?
- □ 할 수 있을까 / 그렇게 많은 목표를 이루는 것을?

느낌 빡! 내용어와 기능어

영어를 잘 듣고 말하기 위해서는 내용어와 기능어를 이해하는 것이 매우 중요하다. 영어는 내용어를 확실히 발음하고 기능어는 약하게 발음하곤 한다. 내용어는 일반동사나 명사, 혹은 not과 같은 부정어 등 의미 전달에 중요한 단어들이다. 기능어는 비교적 큰 의미 없이 문법적으로 올바른 문장을 만들기 위하여 쓰이는 전치사, 대명사, 조동사 같은 단어다. 더 자세한 내용을 알고 싶다면 공신닷컴 강의를 참고해보자.

What is it?

🎙 Dialogue

A Hello?

B Hey, it's me, honey. I have good news.

A What is it?

B I don't have to go on / a business trip* / this weekend.

A Oh really? That's terrific*! Then we can take the trip / we planned, right?

B Sure.

느낌 빡!   must와 have to

must와 have to는 거의 같은 의미로, 둘 다 무언가를 해야 한다는 의무를 나타낸다. 하지만 둘의 부정문은 의미가 완전히 다르다. must not은 '~해선 안 된다'는 금지의 표현이다. 반면 don't have to는 금지가 아니라 '~할 필요가 없다' '~해야만 하는 것은 아니다'라는 뜻이다. 즉 don't need to와 비슷한 의미가 된다.

그게 뭔데요?

★ 책날개로 왼쪽 페이지를 가린 뒤 영어로 말할 수 있으면 체크! 셀로판 필터를 대면 힌트 단어가 사라집니다.

☐ A 여보세요?

☐ B 여보, 나예요. 좋은 소식이 있어요.

☐ A 그게 뭔데요?

☐ B 갈 필요가 없어요 / 출장을 / 이번 주말에. *business trip 출장

☐ A 아, 정말요? 그거 아주 잘됐네요! 그럼 여행을 갈 수 있네요 / 우리가 계

획한, 그렇죠? *terrific 아주 좋은, 엄청난

☐ B 물론이죠.

66 동기 부여 100% 강성태 어록 ···

삶도 공부도 자기주도 학습만이 답이다. 남이 대신 해주길 바라면 결국 남에게 이용당한다.

99

Don't + 동사

Q. 걱정하는 지인에게 위로하는 말을 영어로 하면?

⚡ Pattern

070 Don't worry (about)

- Don't worry / about homework assignments.
- Don't worry / about it.

071 Don't be

- Don't be so hard on yourself.
- Don't be afraid.
- Don't be disappointed.

072 Don't forget (to + 동사)

- Don't forget / to take your ID card*.
- Don't forget / to lock the car.
- Don't forget / the team dinner / at 7 o'clock.

느낌 빡! DO NOT ENTER

동사 앞에 Don't를 붙이면 하지 말라는 부정 명령문이 된다. Don't는 잘 알다시피 do와 not의 축약형인데, 어떤 행동을 하지 말라고 강한 뉘앙스를 담아 표현할 때는 축약하지 않고 do와 not 을 따로 쓴다. 거기에 대문자로 표시하면 더 강조하는 느낌을 준다. 출입금지 표지판에 'Don't enter.'가 아니라, 'DO NOT ENTER.'라고 쓰여 있는 것이 그런 이유다.

~하지 마

★ 책날개로 왼쪽 페이지를 가린 뒤 영어로 말할 수 있으면 체크! 셀로판 필터를 대면 힌트 단어가 사라집니다.

걱정 마 (~에 관해서는)

☐ 걱정하지 마 / 숙제에 관해서는.

☐ 걱정 말아요 / 그것에 관해서는.

~하지 마

☐ 너무 자책하지 마세요.

☐ 두려워하지 마세요.

☐ 실망하지 마세요.

잊지 마 (~하는 것을)

☐ 잊지 마세요 / 신분증을 챙기는 것을. *take a card 카드를 챙기다

☐ 잊지 마세요 / 차 문 잠그는 것을.

☐ 잊지 마세요 / 팀 회식을 / 7시에.

느낌 빡!　Don't worry

Don't 패턴 중 Don't worry가 무려 40.4%를 차지한다. 사람들이 얼마나 걱정을 많이 하면서 사는지 알 수 있다. 프랑스의 법학자 몽테스키외는 이런 말을 남겼다. '한 시간 독서로 누그러지지 않는 걱정은 일찍이 본 적이 없다'고. 독서나 공부를 할 때는 걱정이 비집고 들어올 틈이 없다. 이 책에 집중하고 있는 여러분처럼!

Don't worry about assignments

🔱 Dialogue

A I have food poisoning.

B I'm sorry / to hear that. Have you seen a doctor?

A Yes I have. I'm getting better / now.

B Well that's good, but you should still take it easy.

A Okay. By the way, were there any assignments* / in class today?

B Don't worry / about homework assignments.

느낌 빡! 배가 아플 때 쓸 수 있는 표현들

해외에 나가면 물갈이로 고생하거나 배탈이 날 수 있다. 약이라도 사려면 꼭 알아두자. 'I have an upset stomach.' 'I have a stomachache.' 'My stomach hurts.'(배가 아파요.) / 'I have diarrhea.'(설사를 해요.) / 'I have indigestion.'(소화가 안 돼요.) / 'I feel like vomiting.' 'I feel nauseous.' 'I feel like I'm going to throw up.'(토할 것 같아요.)

숙제에 관해서는 걱정하지 마세요

★ 책날개로 왼쪽 페이지를 가린 뒤 영어로 말할 수 있으면 체크! 셀로판 필터를 대면 힌트 단어가 사라집니다.

☐ A 제가 식중독에 걸렸어요.

☐ B 정말 안됐군요 / 그 소식을 들으니. 병원에 가봤어요?

☐ A 네, 그랬어요. 나아지고 있어요 / 이제.

☐ B 음, 다행이네요, 그래도 여전히 몸조심해야 해요.

☐ A 알았어요. 그런데 숙제가 있었나요 / 오늘 수업에서?

   *assignment 과제, 임무

☐ B 걱정하지 마세요 / 숙제에 관해서는.

DAY 27

Let me

Q. '내가 확인해볼게'를 영어로 하면?

⚡ Pattern

073 Let me see (if)

- Let me see.
- Let me see / if* I can.
- Let me see / what's available.

074 Let me check (if)

- Let me check / your file.
- Let me check / the map.
- Let me check / if he's available.

075 Let me know (if)

- Let me know / if you need any help.
- Let me know / how much it costs.

느낌 빡!   Let me see

let 자체가 '~하게 해주다', 즉 허락한다는 뜻이다. 문장의 맨 앞에 동사를 써주면 명령문이 되므로, 'Let me see.'를 그대로 해석하면 '나에게 보는 것을 하게 해달라'는 뜻이다. 즉 보게 해달라는 의미다. 정말 허락을 받기 위해서라기보다 그냥 자신이 보겠다는 의미로 주로 사용된다. '어디 한 번 봅시다' 정도의 느낌이다.

내가 ~할게

★ 책날개로 왼쪽 페이지를 가린 뒤 영어로 말할 수 있으면 체크! 셀로판 필터를 대면 힌트 단어가 사라집니다.

어디 보자 (~인지)

☐ 어디 봐요.

☐ 보자 / 내가 할 수 있는지. *if 만약 …면, …인지 (아닌지)

☐ 보겠습니다 / 무엇이 가능한지.

내가 확인해볼게 (~인지)

☐ 확인해보겠습니다 / 당신의 파일을.

☐ 확인해보겠습니다 / 지도를.

☐ 제가 알아볼게요 / 그 사람이 가능한지.

내게 알려줘 (~인지)

☐ 알려주세요 / 당신이 어떤 도움이라도 필요하면.

☐ 알려주세요 / 비용이 얼마나 드는지.

느낌 빡! Let me introduce myself

Let이 들어가는 대표적인 표현이 'Let me introduce myself(제 소개를 해보겠습니다).'다. 처음 만났을 때 'Nice to meet you.'라고 인사하고 나서 자기소개를 하며 쓰는 표현이다. 격식을 차릴 필요가 없다면 'Hi, I'm Sungtae.'라며 곧바로 이름을 말해도 된다. 다른 사람을 소개할 때도 쓸 수 있다. '내 친구를 소개해볼게요.'는 'Let me introduce my friend.'다.

Let me check your file

🎧 Dialogue

A Is Ms. Smith in?

B She's in an editorial board meeting* / at the moment. Can I help you?

A I want to check the status* / of my book.

B Oh, let me check your file. Hmm…. We're going to start printing it / next week.

A That's great.

B Is there anything else / I can help you with?

느낌 빡! Ms. vs. Mrs. vs. Miss

남성에게 쓰는 존칭어는 Mr.다. 여성에게 쓰는 존칭어는 결혼 여부에 따라 달라진다. Mrs.는 mistress의 줄임말로 결혼한 여성에게 쓰고, Miss는 결혼하지 않은 여성에게 쓴다. 이렇듯 여성은 결혼 여부에 따라 호칭이 달라지니, 헷갈릴 뿐만 아니라 심지어 남녀 차별처럼 느껴지기도 한다. 그래서 최근에는 결혼 여부와 상관없이 모두에게 쓸 수 있는 Ms.를 많이 쓴다.

파일을 확인해보겠습니다

★ 책날개로 왼쪽 페이지를 가린 뒤 영어로 말할 수 있으면 체크! 셀로판 필터를 대면 힌트 단어가 사라집니다.

☐ A 스미스 씨 계십니까?

☐ B 그녀는 편집국 회의 중이십니다 / 지금. *board meeting 이사회 (회의)

　　　제가 좀 도와드릴까요?

☐ A 상황을 확인하고 싶어요 / 제 책의. *status 지위, 사정, 상태, 상황

☐ B 아, 파일을 확인해보겠습니다. 음…. 우리는 그것을 인쇄할

　　　예정이에요 / 다음 주에.

☐ A 좋네요.

☐ B 뭐 다른 건 없나요 / 도와드릴 것이?

66 동기 부여 100% 강성태 어록 ·····

아무 생각 없이 그저 시간만 보내며 살기에는 우리 인생이 너무 짧다.

99

Why don't

Q. '거기 앉아 계세요'를 영어로 하면?

⚡ Pattern

076 Why don't we

- Why don't we take a walking tour downtown?
- Why don't we order out?
- Why don't we go there?

077 Why don't you

- Why don't you ask your friend / about it?
- Why don't you have a seat / while I finish?
- Why don't you use two monitors?

078 Why not

- Why not?
- Why not get some rest*?

느낌 빡! Why don't you?

'Why don't you?'를 그대로 해석하면 '너 왜 안 하니?'다. 마치 따지는 것처럼 들리는데 일상적으로 자주 사용되면서 전혀 따지는 뉘앙스가 아닌 '~하자'는 권유의 의미로 쓰이게 되었다. 'Why not?'은 주어와 동사가 없는 괴상한 형태다. 'Why don't you?' 혹은 'Why don't we?'를 워낙 많이 쓰다 보니 조동사 do와 주어를 생략한 채로 쓰이기 시작한 것이다.

~하는 게 어때?

★ 책날개로 왼쪽 페이지를 가린 뒤 영어로 말할 수 있으면 체크! 셀로판 필터를 대면 힌트 단어가 사라집니다.

우리 ~하는 게 어때?

☐ 시내로 도보 여행을 가는 게 어때요?

☐ 주문하는 게 어때요?

☐ 우리 거기로 가는 게 어때?

너는 ~하는 게 어때?

☐ 친구에게 물어보지 그래요 / 그것에 관해?

☐ 자리에 앉아 계시지 않겠어요 / 제가 마무리하는 동안?

☐ 두 대의 모니터를 사용하는 게 어때요?

왜 안 돼?

☐ 왜 안 되죠?

☐ 좀 쉬면 안 돼? *rest 나머지, 휴식, 수면

느낌 빡! 'Why not?'의 두 가지 의미

'Why not?'은 단독으로 쓰여 '왜 안 돼?'라고 묻는 말이 될 수도 있고, '왜 안 되겠어?', 즉 '된다'는 의미로도 사용될 수 있다. 아래처럼 상황에 따라 의미가 다르다.
We can't study now.(우리는 지금 공부할 수 없어.) Why not?(왜 안 되는데?)
We can study now.(우리는 지금 공부할 수 있어.) Yes, why not?(그래, 왜 안 되겠어?)

Why don't you have a seat?

🎤 Dialogue

A Hi Steve. I dropped by / to pick up the budget* report / for this month.

B I'm almost done. Why don't you have a seat / while I finish?

A OK. How come you have so many programs open / at once?

B I need them all / to write up* this report.

A Then why don't you use two monitors?

느낌 빡!　Why 대신 쓸 수 있는 'How come?'

How come은 Why와 같은 '왜'의 의미다. 영문도 모른 채 외웠을 것이다. 'How come?'은 원래 'How did it come?'이었다. '어쩌다 이렇게 됐지?'라고 해석된다. come은 '오다, 도착하다' 뿐 아니라 '어떤 상태에 도달하다'라는 의미가 있다. 그런데 이 문장을 자주 쓰다 보니 did it을 생략하게 됐고 'How come?'이 '왜?'라는 의미로 굳어졌다.

자리에 앉아 계시지 않겠어요?

★ 책날개로 왼쪽 페이지를 가린 뒤 영어로 말할 수 있으면 체크! 셀로판 필터를 대면 힌트 단어가 사라집니다.

☐ A 안녕하세요, 스티브. 들렀어요 / 예산 보고서를 가져가려고 /

이번 달에 해당하는. *budget 예산, 비용, 예산을 세우다

☐ B 거의 끝냈어요. 자리에 앉아 계시지 않겠어요 / 제가 마무리하는 동안?

☐ A 좋아요. 왜 그렇게 많은 프로그램을 열어 놓으셨어요 / 동시에?

☐ B 그것들 모두 필요해요 / 이 보고서를 작성하기 위해. *write up ~을 작성하다

☐ A 그렇다면, 두 대의 모니터를 사용하는 게 어때요?

Can you

Q. '나중에 말씀해주실 수 있나요?'를 영어로 하면?

⚡ Pattern

079 **Can you tell**

- Can you tell me the name / of the program?
- Can you tell me / where it is?

080 **Can you help (with)**

- Can you help me / buy a bag / for my laptop?
- Can you help me / with my report?

081 **Could you (please)**

- Could you tell me / later?
- Could you try to fix it / for me?
- Could you please fill out* this form?

느낌 빡! 여러모로 유용한 Can you/Can I

Can I는 내가 해도 되는지 허락을 구하는 표현이고 Can you는 남에게 뭘 해달라고 부탁하는 표현이다. Can I 패턴과 마찬가지로 여행을 할 때나 일상생활에서 아주 유용하게 쓸 수 있다. Can 만 자유자재로 써도 어디서 굶어 죽을 일은 없다는 말이 나올 정도다. 특히 과거형인 Could를 쓰면 과거의 의미는 사라지고, 좀 더 부드럽고 공손한 표현이 된다(Day 14 참고).

너는 ~할 수 있니?

★ 책날개로 왼쪽 페이지를 가린 뒤 영어로 말할 수 있으면 체크! 셀로판 필터를 대면 힌트 단어가 사라집니다.

말해줄 수 있니?

☐ 그 이름을 내게 알려줄 수 있어요 / 그 프로그램의?

☐ 알려줄래 / 그것이 어디에 있는지?

도와줄 수 있니? (~에 관해)

☐ 도와줄 수 있니 / 가방을 사는 것을 / 내 노트북용?

☐ 좀 도와줄래요 / 내 보고서를 작성하는 것을?

당신은 ~해주실 수 있나요? (제발)

☐ 말씀해주시겠어요 / 나중에?

☐ 그것을 좀 고쳐주시겠어요 / 저를 위해?

☐ 이 양식을 채워주시겠어요? *fill out ~을 채우다, 작성하다

느낌 빡! 의문사를 포함하는 의문문의 어순

'Can you tell me where it is?'와 'Could you tell me what it is later?'에는 의문사가 포함되어 있다. 그런데 의문사 다음에 나오는 it is가 보통 '동사+주어' 순서인 의문문의 어순이 아닌, '주어+동사' 순서다. 왜 그럴까? 간접 의문문 혹은 의문사절, 접속사절 등 따로 문법이나 용법을 외울 필요도 없다. 각각 '그게 어디에 있는지' '그게 뭔지'로 해석되는 것을 보면 알 수 있다. 즉, 의문문이 아니기에 평서문의 어순을 쓴 것이다.

Can you tell me the name?

🎙 Dialogue

A How did you get rid of* those useless ads?

B Well, I installed an ad blocking program.
It stops virtually all pop-ups.

A Can you tell me the name / of the program?

B It's on the tip of my tongue*, / but I can't remember it /
right now.

A Could you tell me / later?

B Sure. I'll text you / when I get home.

느낌 빡! 명사에서 동사로도 쓰이는 단어들

text는 원래 '문자'를 뜻하는 명사다. 그런데 지금은 동사로도 쓴다. 이렇듯 영어에서는 명사였다가 동사로까지 사용하는 단어가 많다. ⑩ message(메시지 → 메시지를 보내다), phone(전화 → 전화하다), nurse(간호사 → 간호하다), water(물 → 물을 주다), picture(사진 → 상상하다), google(검색 엔진 구글 → 구글 검색을 하다), fedex(택배회사 페덱스 → 택배를 보내다)

그 이름을 내게 알려줄 수 있어요?

★ 책날개로 왼쪽 페이지를 가린 뒤 영어로 말할 수 있으면 체크! 셀로판 필터를 대면 힌트 단어가 사라집니다.

☐ A 어떻게 그런 쓸데없는 광고들을 없앴어요? *get rid of 없애다

☐ B 음, 나는 광고 차단 프로그램을 설치했어요. 그게 사실상 모든 팝업 광고를 막아줘요.

☐ A 그 이름을 내게 알려줄 수 있어요 / 그 프로그램의?

☐ B 아, 그게 생각이 날듯 말듯 하네요, / 하지만 그것을 기억할 수가 없네요 / 지금 당장은. *on the tip of one's tongue 혀끝에서 맴도는, 생각이 날듯 말듯 한

☐ A 말씀해주시겠어요 / 나중에?

☐ B 물론이지요. 문자 메시지를 보내줄게요 / 내가 집에 가면.

DAY 30

There's

Q. '너한테 뭔가 다른 게 있어'를 영어로 하면?

⚡ Pattern

082 There's

- There's more good news.
- There's a heavy rainstorm* / coming soon.
- There's a water leak / under the sink.

083 There's no/nothing

- There's no answer.
- There's nothing / to lose* / by asking.

084 There's something

- There's something different / about you / today.
- There's something / that you should know.

느낌 빡! 영어에서는 주어를 잘 생략하지 않는다

there는 '저기' 혹은 '거기'라는 부사인데, there's(있다)라고 쓰일 때는 사실상 의미가 없다. be동사만으로 이미 '있다'를 뜻하지 않는가. 영어는 이런 상황에서도 가급적 주어를 써준다. 우리말은 '밥 먹었어?'처럼 주어를 생략하는 게 상대적으로 자유롭다. 하지만 영어에서 'Did you have lunch?' 대신 주어를 빼고 'Did have lunch?'라고 말하면 이상한 문장이 된다.

170

~이 있다

★ 책날개로 왼쪽 페이지를 가린 뒤 영어로 말할 수 있으면 체크! 셀로판 필터를 대면 힌트 단어가 사라집니다.

~이 있다

☐ 좋은 소식이 더 있습니다.

☐ 거센 비바람이 있습니다 / 곧 몰아칠. *rainstorm 폭풍우, 호우

☐ 누수가 있어요 / 싱크대 밑에.

아무것도/~할 아무것도 없다

☐ 응답이 없는데요.

☐ 아무것도 없습니다 / 손해 볼 / 물어본다고. *lose 잃어버리다, 손해 보다

뭔가 있다

☐ 뭔가 다른 점이 있네요(달라 보이네요) / 당신에 관한 / 오늘.

☐ 뭔가가 있어 / 네가 알아야 할.

느낌 빡! 영어는 순서가 중요한 언어다

영어는 한국말과 달리 어순에 따라 의미가 완전히 달라진다(영문법 #1 참고). 그러니 함부로 주어를 생략하면 순서가 이상해지고 오류가 생기기 쉽다. 그래서 영어는 대명사를 써서라도 주어를 꼬박꼬박 써주는 경향이 있다. 영어 시험에서 대명사가 가리키는 것을 묻는 문제가 자주 나오는 것도 이 때문이다.

There's something different

🎧 Dialogue

A Hey Jennifer. There's something different / about you
/ today.

B Yeah. I got my hair cut* / yesterday. How do I look?

A That style really suits* you. What's the name / of the
hair salon?

B It's called "Beautiful Hair, Wonderful Day."

A Can you tell me / where it is?

B Sure. It's located on Main Street / near the Central
Shopping Mall.

느낌 빡! 상대방의 외모를 칭찬하고 싶을 때

beautiful, handsome 등 외모에 대한 직접적 표현은 지양하는 게 좋다. 자칫 비하나 아부처럼
들릴 수 있어서다. 이때 부담 없이 쓸 수 있는 표현이 suit다.
⑩This shirt suits you(이 셔츠는 너한테 어울린다). Long hair suits you well(긴 머리가 너
한테 잘 어울려). Your glasses suit you(네 안경이 너한테 어울린다).

뭔가 달라 보이네요

★ 책날개로 왼쪽 페이지를 가린 뒤 영어로 말할 수 있으면 체크! 셀로판 필터를 대면 힌트 단어가 사라집니다.

☐ A 안녕, 제니퍼. **뭔가 달라 보이네요** / 당신에 관해 / 오늘.

*get my hair cut 머리를 자르다

☐ B 네. 머리를 잘랐어요 / 어제. 어때 보이나요?

☐ A 그 스타일이 정말 어울려요. 이름이 뭔가요 / 미용실의?

*suit 슈트, 어울리다, 잘 맞다

☐ B '뷰티풀 헤어, 원더풀 데이'라고 해요.

☐ A 알려주실래요 / 그 미용실이 어디 있는지?

☐ B 물론이죠. 그것은 메인가에 있어요 / 센트럴 쇼핑몰 근처에.

> 동기 부여 100% 강성태 어록

기술이든 지식이든 뭔가 배우지 않고 공부하지 않고 인생의 꿈을 이뤄낼 방법이 있는가? 없다. 있다면 하나라도 말해보라. 치킨을 사주겠다.

It looks/seems/sounds

Q. '컴퓨터가 바이러스에 걸린 것 같아'를 영어로 하면?

⚡ Pattern

085 **It looks (like)**

- It looks great.
- It looks really useful.
- It looks like sunscreen.

086 **It seems (like)**

- It seems big enough*.
- It seems like she really needs it.

087 **It sounds (like)**

- It sounds difficult.
- It sounds like you had a great experience.

느낌 빡! **seem의 어원**

seem은 '~인 것 같다'는 뜻으로, 의견이나 추측을 나타낸다. 하지만 외울 것까지도 없다. seem의 어원은 '같다'는 의미의 same이다. 발음도 생김새도 비슷하지 않은가. 우리말로도 자신의 의견을 말할 때 종종 '~ 같다'라고 말하는 것과 같은 이치다.

보인다/같다/들린다

★ 책날개로 왼쪽 페이지를 가린 뒤 영어로 말할 수 있으면 체크! 셀로판 필터를 대면 힌트 단어가 사라집니다.

보인다 (~처럼)

☐ 멋져 보여요.

☐ 정말 유용해 보이네요.

☐ 선크림처럼 보여요.

같다 (~인 것)

☐ 충분히 큰 것 같아요. *enough 충분한, 필요한 만큼 되는 수(양)

☐ 그녀는 그것이 정말 필요한 것 같아요.

들린다 (~처럼)

☐ 어렵게 들리네요.

☐ 당신은 좋은 경험을 한 것처럼 들리네요.

느낌 빡! It looks와 It seems의 차이

It looks와 It seems에는 뉘앙스의 차이가 있다. '그는 멋진 사람인 것 같아'라는 문장을 예로 들어보자. 'He seems like a nice person.' 'He looks like a nice person.' 둘 다 가능한 표현이다. 하지만 look은 겉으로 보이는 '외모'를 묘사할 때 주로 쓰는 반면, seem은 보이는 것 외에 말이나 행동 등을 포함한 전체적인 '인상'을 묘사할 때 더 자주 쓴다.

DAY
31

It looks like it's got a virus

🎙 Dialogue

A Help! I think my computer's going crazy!

B Oh, it looks like it's got a virus.

A What do I do? I don't know the first thing / about computers.

B Don't look at me. I'm no computer expert either.

A It's erasing* my files! Quick! We've got to do something / before I lose everything!

B Well, maybe it's best to leave this to an expert.

느낌 빡!　either는 부정문과 함께 쓴다

either는 Day 16에서 설명한 의미 외에도 '~도'라는 뜻도 있다. 그런데 also, too, as well과는 쓰임이 다르다(Day 58 참고). either는 항상 부정문에서 사용되며 보통 문장 맨 끝에 온다. 'I'm no computer expert either.'라는 문장은 자신이 컴퓨터 전문가가 아니라고 부정하는 표현이라서 either를 쓴다. 한편 이어지는 대답에서 빨리 뭐든 해보란 뜻으로 fast나 rapid를 쓰지 않고 quick을 쓴 점도 확인해보자(Day 14 참고).

176

바이러스에 걸린 것 같아요

★ 책날개로 왼쪽 페이지를 가린 뒤 영어로 말할 수 있으면 체크! 셀로판 필터를 대면 힌트 단어가 사라집니다.

☐ A 도와주세요! 제 컴퓨터가 미쳐가는 것 같아요!

☐ B 오, 바이러스에 걸린 것 같아요.

☐ A 내가 무엇을 하죠? 나는 아무것도 몰라요 / 컴퓨터에 관해서는.

☐ B 저를 쳐다보지 마세요. 저도 컴퓨터 전문가가 아니에요.

☐ A 내 파일이 지워지고 있어요! 빨리! 뭔가를 해야 해요 /

내가 모든 걸 잃기 전에! *erase 지우다, 없애다

☐ B 글쎄요, 아마 전문가에게 맡기는 게 최선이겠어요.

I need

Q. 뭔가 물건을 사야겠다는 말을 영어로 하면?

⚡ Pattern

088 **I need**

- I need them all / to write up this report.
- I need a haircut too.

089 **I need to**

- Do you mean I need to read something / that's not so hard?
- I need to buy one / because my new computer setup*
  requires it.

090 **I need something**

- I need something smaller.
- I need something / that can hold at least 400.

느낌 빡! need의 어원

'필요로 한다'는 의미의 need가 '원한다'는 의미의 want보다 4.2% 더 많이 사용됐다. need의
어원은 신기하게도 no와 not이다. 발음도 비슷하지 않은가. need는 '존재하지 않는다'는 부정
의 의미, 즉 '없다'는 뜻이었는데 이제는 '필요하다'는 의미가 됐다. 무언가 없다는 것은 곧 필요
하다는 뜻이니까.

나는 ~이 필요하다

★ 책날개로 왼쪽 페이지를 가린 뒤 영어로 말할 수 있으면 체크! 셀로판 필터를 대면 힌트 단어가 사라집니다.

나는 ~이 필요하다

☐ 그것들 전부 필요해요 / 이 보고서를 작성하려면.

☐ 나도 커트(머리)가 필요해.

나는 ~할 필요가 있다

☐ 내가 무언가를 읽을 필요가 있다는 뜻인가요 / 그렇게 어렵지 않은 것을?

☐ 하나 사야겠어요 / 내 새 컴퓨터를 설치하는 데 그것이 필요하기 때문에.

*setup 기구, 구조, 설치

나는 뭔가 필요하다

☐ 더 작은 게 필요해요.

☐ 나는 뭔가 필요하다 / 적어도 400개는 담을 수 있는 것이.

느낌 빡! don't need to와 needn't

need to의 부정형은 'don't need to(할 필요가 없다)'다. needn't라고 해도 되는데, 이것은 문법적으로 need가 조동사로 사용된 형태다. 그렇다고 don't need to와 완전히 같지는 않다. needn't가 좀 더 격식 있는 표현이고, 그렇기에 일상 대화에서는 사용 빈도가 적다.

DAY 32

I need to buy one

🎙 Dialogue

A What are you looking at, Peter?

B A website that sells extension* cords. I need to buy one /
because my new computer setup requires it.

A How many sockets do you need / to set up your
computer?

B I need at least four sockets.

A Don't buy the one / with six sockets. It can overheat*
and cause a fire.

B Thanks. I'll keep that in mind.

느낌 빡! '멀티탭'은 콩글리시다

'멀티탭'은 broken English, 즉 콩글리시다. 대화에 나온 extension cord 혹은 power strip이
라고 해야 한다. 여기서 extension은 '연장', strip은 '긴 끈'이라는 뜻이다. cord를 꽂는 구멍도
흔히 '콘센트'라 부르지만, 역시 틀린 말이다. 대화에 등장하는 socket이라고 하거나 outlet 혹
은 plug라고 해야 한다. 콘센트는 옛날 방식의 concentric plug를 일본식으로 발음한 것이다.

180

하나 사야겠어요

★ 책날개로 왼쪽 페이지를 가린 뒤 영어로 말할 수 있으면 체크! 셀로판 필터를 대면 힌트 단어가 사라집니다.

☐ A 피터, 뭘 보고 있어요?　　　　　　*extension 확대, 연장선

☐ B 전기 연장 코드를 판매하는 웹사이트요. 하나 사야겠어요 /
　　　내 새 컴퓨터를 설치하는 데 그것이 필요하기 때문에.

☐ A 몇 개의 소켓이 필요한가요 / 컴퓨터를 설치하려면?

☐ B 최소한 네 개의 소켓이 필요해요.

☐ A 사지 마세요 / 소켓이 여섯 개 달린 것은. 과열되어서 불이 날 수 있어요.

　　　*overheat 과열되다

☐ B 고마워요. 명심할게요.

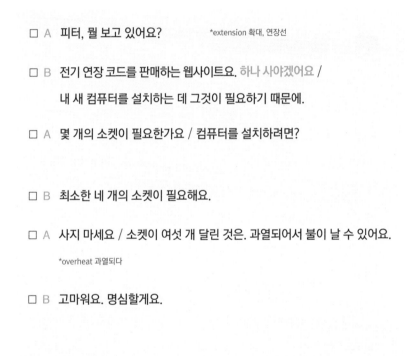

66 동기 부여 100% 강성태 어록

인생은 시험문제처럼 정답이 없다. 해답지도 없다. 우리가 답을 정하고 그것이 정답인 답이
되도록 최선을 다할 뿐이다. 모두가 마찬가지다.

99

181

'것'을 영어로 하면?

#동명사 #to 부정사

 뭐가 문제야 say something ♪

'먹는 것, 자는 것, 노는 것'은 여러분의 공부를 방해하는 인류의 보편적 욕구다. 이를 영어로는 어떻게 표현할까? eating, playing, sleeping이다. 영문법 #2에서 설명했듯, 이를 동명사라고 한다. 동사를 명사로 쓴다는 의미다. 그런데 동사를 명사로 활용하는 표현이 또 있다. 바로 to 부정사다. 동명사와 의미가 동일할 때도 있지만 다를 때도 있다. 이 차이를 모르면 엉뚱한 대화가 되어버린다.

 외울 필요 없잖아 Don't worry ♪

to 부정사는 동사에 to를 붙여 동사를 명사나 부사, 형용사로 사용하는 표현이다. 그런데 이 to의 어원이 뭘까?

여러분도 이미 알고 있는 바로 그 단어, 전치사 to다. 갑자기 왜 이런 이야기를 하는 걸까? 『강성태 영단어 어원편』에서 영단어를 공부할 때 어원을 찾아보면 외우지 않아도 되는 것들이 너무 많았다. 마찬가지로 문법도 그 쓰임의 유래를 알면 무작정 외우지 않아도 된다. 만일 여러분이 강성태에게 팬레터를 쓴다면, from 뒤에는 여러분의 이름을, to 뒤에는 '강성태'를 적으면 된다. 이렇듯 to는 앞으로 가게 될 목적지를 나타낸다. 여기에는 미래의 뜻이 담겨 있다. to 부정사는 미래의 의미를 갖는 전치사 to에 동사를 붙인 것이다. 그래서 미래에 할 일을 나타낼 때 to 부정사를 쓴다. 반면 과거의 일이나 반복되는 행위를 나타낼 땐 -ing 형태의 동명사를 쓴다. 예를 들어, 강성태에게 팬레터를 쓰려고 했는데 그걸 잊어버렸다면 미래에 할 일을 잊어버린 것이기에 'forget to write'라고 표현한다. 한편 과거에 팬레터를 썼던 사실을 잊어버렸다면 'forget writing'이라고 말한다.

　아래 예시를 참고하기 바란다. 모두 영문도 모른 채 외웠던 것들이다.

	to(미래/적극/1회)	-ing(현재 or 과거/소극/반복)
remember	(미래에) ~할 것을 기억하다	(과거에) ~했던 것을 기억하다
stop	(미래에) ~하기 위해 멈추다	(과거에) ~하던 것을 멈추다
forget	(미래에) ~해야 할 것을 잊어버리다	(과거에) ~했던 것을 잊어버리다

✓ 공신 check | 수많은 문법 사항을 하나씩 외워서 어느 세월에 회화를 정복하겠는가? 원리를 알면 외울 필요가 없다. 이게 진정한 영문법 공부다. 제대로 된 영문법만 공부한다면 회화가 훨씬 재밌고 실력도 빨리 는다.

Day
34-44

I was

Q. '내가 큰 부탁을 하나 해도 될까 해서요'를 영어로 하면?

⚡ Pattern

091   I was

- I was in a meeting / with a client.
- I was about to* go to lunch.

092   I was wondering (if)

- I was wondering if I could ask you a huge* favor.
- I was wondering if you can make it*.

093   I was thinking (of/about)

- I was thinking of taking him / to the museum.
- I was thinking about buying an ivy plant / that can hang* / in the balcony.

느낌 빡! ┊ I was는 언제 쓸까?

I was는 I'm 대비 사용 빈도 13.5%에 그친다. 하지만 I was가 적은 게 아니라 1위인 I'm이 워낙 자주 사용되기 때문에 그렇다. 일상적인 대화가 아닌 좀 더 깊은 대화를 할수록 과거형을 많이 쓴다. 평소에는 '나 지금 통화 중이야' '셔츠가 잘 어울린다'처럼 현재를 표현하는 말을 자주 쓰지만, 주말에 있었던 일이나 친구와 싸운 일 혹은 여행을 다녀왔던 일처럼 좀 더 길고 구체적인 주제는 대부분 과거에 관한 이야기이기 때문이다.

나는 ~이었다

★ 책날개로 왼쪽 페이지를 가린 뒤 영어로 말할 수 있으면 체크! 셀로판 필터를 대면 힌트 단어가 사라집니다.

나는 ~이었다

□ 미팅 중이었어요 / 고객과.

□ 점심 먹으러 가려던 참이었어요. *be about to 막 ~하려는 참이다

나는 궁금해하는 중이었다 (~인지)

□ 제가 당신에게 큰 부탁을 하나 드려도 될까요. *huge 막대한, 거대한

□ 당신이 해낼 수 있는지 궁금했어요. *make it 성공하다, 시간 맞춰 가다

나는 생각하는 중이었다 (~을/~에 관해)

□ 나는 그를 데려갈까 생각 중이었어요 / 박물관에.

□ 나는 아이비 나무를 살까 생각 중이었어요 / 걸어놓을 수 있는 /

발코니에. *hang 걸다, 매달다, 내려오다

느낌 빡! be about to와 about의 어원

'I was about to(막 ~하려던 참이었다)'의 뜻은 about의 어원을 알면 이해하기 쉽다. '어바웃'은 그 어원인 '온아웃(on+out)'에서 왔다. 글자 그대로, '바깥'에 '붙어' 있다는 뜻이다. 즉 주변의 의미. 어떤 것을 행동으로 옮기기 직전이나 그 주변까지 도달한 상태를 나타내면서 '막 ~하려던'이란 뜻이 된 것이다. about이 전치사일 때의 의미 '~에 관하여'도 마찬가지다. 그 자체가 아니라 주변 정보들에 초점을 맞춘 어감이다.

I was wondering if I could ask you a huge favor

🌐 Dialogue

A Excuse me, sir. I was wondering if I could ask you a huge favor.

B Yes, what is it?

A Well, are you sitting / with anyone?

B No.

A Oh, then, would you switch* seats / with my friend?
We bought tickets / at the last minute / and were not able to get seats / next to each other.

B No problem. Let me just get my coat.

느낌 빡! 엄청 겸손하게 말하고 싶을 때

'I was wondering if I could ask you a huge favor.'라는 문장은 거의 최상급으로 정중한 표현이라 보면 된다. 일단 뭘 해달라고 대놓고 직접적으로 말하지 않고 내가 할 수 있을지 궁금하다고(wondering if I could) 돌려서 표현했다. 또 was나 could와 같이 과거형을 써서 더욱 공손하게 말하고 있다(Day 14 참고). 게다가 '엄청난 호의(a huge favor)'라고 표현한 것도 정중한 느낌을 더해준다.

큰 부탁을 하나 드려도 될까 해서요

★ 책날개로 왼쪽 페이지를 가린 뒤 영어로 말할 수 있으면 체크! 셀로판 필터를 대면 힌트 단어가 사라집니다.

☐ A **실례합니다. 제가 큰 부탁을 하나 드려도 될까 해서요.**

☐ B **네, 무슨 일인데요?**

☐ A **음, 앉아 있나요 / 누군가와 함께?**

☐ B **아니요.**

☐ A **아, 그럼 자리를 바꿔주시겠어요 / 제 친구와? 우리는 표를 샀어요 /
막판에 / 그리고 자리를 구할 수 없었어요 / 서로의 옆에 있는.**

　　　　*switch 스위치, 전환, 바꾸다

☐ B **문제없어요. 코트만 챙길게요.**

❝ 동기 부여 100% **강성태 어록** ·········

'공신'의 원래 뜻은 '공부의 신'이 아니었다. 교육봉사 동아리 '공부를 신나게'의 줄임말이다.
잘못 알려진 것이다. 그런데 공신들은 하나같이 신나게 공부한다. 그 둘은 사실 다른 말이
아니었다.

❞

DAY
35

How much

Q. 버스나 기차를 타려는데 요금이 얼마일지 묻는 말을 영어로 하면?

⚡ Pattern

094 How much

- How much is it?
- How much can you spend?

095 How many

- How many sockets do you need / to set up* your computer?
- How many are coming / to the party?

096 How often

- How often does bus number 16 stop here?
- How often do you exercise?

느낌 빡! many보다 much를 더 많이 쓰는 이유

How many의 사용 빈도는 How much 대비 40.2%에 불과하다. 그 이유는 돈 때문이다. 셀 수 없는 명사에는 much, 셀 수 있는 명사에는 many를 사용한다. 돈은 대표적인 셀 수 없는 명사다. 하루하루를 살아가는 데 돈이 빠진 일상을 상상할 수 없다. 물건을 사거나 서비스를 이용할 때 가격이나 비용을 묻게 되기 때문이다.

190

얼마

★ 책날개로 왼쪽 페이지를 가린 뒤 영어로 말할 수 있으면 체크! 셀로판 필터를 대면 힌트 단어가 사라집니다.

얼마

☐ 얼마예요?

☐ 당신은 얼마나 쓸 수 있나요?

몇 개/몇 사람

☐ 소켓이 몇 개 필요합니까 / 컴퓨터를 설치하려면? *set up 세우다, 설치하다, 시작하다

☐ 몇 명이 오나요 / 파티에?

얼마나 자주

☐ 16번 버스가 얼마나 자주 여기에 서나요?

☐ 너는 얼마나 자주 운동을 하니?

느낌 빡! 의문사 How의 기타 표현

How는 질문할 때 자주 쓰이는 의문사다. How often(얼마나 자주) 외에도 다양한 부사와 함께 표현할 수 있다. How far(얼마나 멀리), How long(얼마나 오래), How old(얼마나 오래된/몇 살인지), How well(얼마나 잘), How tall(얼마나 키가 큰지), How fast(얼마나 빠른지), How loud(얼마나 소리가 큰지) 등이 있다.

How much is the fare?

🌐 Dialogue

A Hi. My family and I are planning / to travel / from Boston to Philadelphia. **How much is the fare*?**

B The standard fare is 100 dollars per person. How many people will be traveling?

A Two adults and one child. Do you have a discount / for children?

B Yes. Children from ages 2 through 11 get 40% off the standard fare.

A Oh, that's too bad. My daughter is 13.

느낌 빡!   '요금'을 영어로 하면?

fare는 교통 요금에 한정해 쓰인다. 대화문에서도 필라델피아로 이동하는 데 드는 비용을 가리키므로 fare를 썼다. fee는 각종 요금이나 변호사 자문 등 전문적인 서비스 비용에 쓰인다. rate는 원래 '비율'이란 뜻이라서 단위당 요금을 표현할 때 쓴다. fine은 법을 어겼을 때 내는 '벌금'을 뜻한다. 그래서 a parking fine은 주차 위반 시의 벌금이다.

요금이 얼마지요?

★ 책날개로 왼쪽 페이지를 가린 뒤 영어로 말할 수 있으면 체크! 셀로판 필터를 대면 힌트 단어가 사라집니다.

□ A 안녕하세요. 저와 제 가족은 계획하고 있어요 / 여행하는 것을 /
　　　보스턴에서 필라델피아까지. 요금이 얼마지요? *fare 요금, 승객

□ B 일반 요금은 1인당 100달러입니다. 몇 분이 여행을 하실 건데요?

□ A 어른 2명에, 아이 1명이요. 할인이 있나요 / 아이들을 위한?

□ B 네. 2세부터 11세까지의 아이들은 일반 요금에서 40퍼센트가
　　　할인됩니다.

□ A 아, 유감이네요. 제 딸은 열세 살이거든요.

Don't you

Q. '너는 알고 있지 않니?'를 영어로 하면?

⚡ Pattern

097 **Don't you know (about)**

- Don't you know our group project is due* tomorrow?
- Don't you know about the problems?

098 **Don't you think**

- Don't you think so?
- Don't you think Jimmy is too shy?

099 **Don't you remember**

- Don't you remember last summer?
- Don't you remember anything / about your past*?

느낌 빡! 부정 의문문에 답하는 법

Do you가 아니라 Don't you로 묻는 표현을 부정 의문문이라고 한다. Do you 대비 18.6% 정도로 사용되니 적은 편은 아니다. 'Don't you like English(너 영어 좋아하지 않지)?'라는 물음에 우리말은 '아뇨, 좋아하는데요'라고 답한다. 하지만 영어는 거꾸로다. '아뇨'를 'Yes'로 표현해야 한다. 즉, 'Yes, I like English.'라고 해야 한다. 또 'No, I don't like English.'는 '좋아하지 않아요.'라는 뜻이다.

너는 ~하지 않니?

★ 책날개로 왼쪽 페이지를 가린 뒤 영어로 말할 수 있으면 체크! 셀로판 필터를 대면 힌트 단어가 사라집니다.

너 모르니? (~에 관해)

☐ 우리 그룹 과제가 내일까지인 거 몰라? *be due ~할 예정이다

☐ 그 문제들에 관해 모르십니까?

너 ~라고 생각하지 않아?

☐ 그렇게 생각 안 해?

☐ 지미가 너무 수줍어하는 것 같지 않니?

너 기억나지 않니?

☐ 작년 여름 기억 안 나니?

☐ 어떤 것도 기억이 나지 않니 / 과거에 관해서는? *past 지나간, 최근의, 과거

느낌 빡! 부정 의문문을 외우지 않아도 되는 이유

시험에도 단골 출제되는 부정 의문문의 대답은 우리말과는 반대라고 무작정 외웠을 것이다. 하지만 외울 필요가 없다. 〈영어회화의 제1원리〉에서 설명한 것처럼 영미권은 자기 자신이 중심이다. 질문이 긍정이든 부정이든 자기가 영어를 좋아하면 Yes라고 답한다. 반면 우리 문화는 나보다 상대방을 더 고려한다. 상대방의 질문이 긍정인지 부정인지에 따라 답변이 달라진다. 그래서 자기가 영어를 좋아하지 않아도 듣는 사람의 입장에서 '네'라고 답한다.

Don't you know?

🌀 Dialogue

A Molly, don't you know our group project is due tomorrow?

B Yes, I do. I did my best*.

A I'm not sure / if we'll get a good grade. I've taken a look at the part / you prepared / and found a lot of mistakes.

B Oh, really?

A Look at this. The year should be 1979, not 1997.

B Oh, that's right! I'm sorry about that. What else?

느낌 빡!   기한을 뜻하는 due와 due to

'due가 언제지?'라는 말은 회사에서 잘 쓰인다. 데드라인, 즉 기한이 언제냐는 뜻이다. 'When is it due?' 혹은 'When is the deadline?'이라고 표현할 수 있다. 원래 due에는 '빚지다'라는 의미가 있다. 빚을 지면 항상 따라다니는 것이 그 빚의 상환일이다. 여기서 기한이라는 의미가 파생되었다. due to는 '~ 때문에, ~ 덕분에'라는 뜻인데, 이 역시 '빚지다'라는 의미에서 나왔다.

몰라?

★ 책날개로 왼쪽 페이지를 가린 뒤 영어로 말할 수 있으면 체크! 셀로판 필터를 대면 힌트 단어가 사라집니다.

☐ A 몰리, 우리 그룹 과제가 내일까지인 거 **몰라**?

☐ B 알고 있어. 나는 최선을 다했어. *do my best 최선을 다하다

☐ A 난 모르겠어 / 우리가 좋은 성적을 받을 수 있을지. 나는 해당 부분을 한 번 봤어 / 네가 준비한 / 그리고 많은 실수를 발견했어.

☐ B 오, 정말?

☐ A 이것 좀 봐. 연도가 1979년이어야 해, 1997년이 아니라.

☐ B 아, 맞아! 미안해. 다른 건?

66 동기 부여 100% 강성태 어록 ....

지금 시작하지 못하는 사람이 나중이라고 달라지겠는가? 이 글을 본 지금 이 순간 바로 시작해라.

99

197

I can't

Q. '믿어지지 않는 일'이라는 말을 영어로 하면?

⚡ Pattern

100 I can't

- I can't guarantee that / I can fix the bent* frame.
- I'm afraid / I can't go.

101 I can't believe

- I can't believe it.
- I can't believe / we have such a wonderful open space / here.
- I can't believe / I made such mistakes.

102 I can't wait (to + 동사)

- I can't wait to read it.
- I can't wait to meet them.

느낌 빡! can과 can't의 구별

미국 드라마를 보다 보면 특히 구별하기 힘든 것이 can과 can't다. 하지만 방법이 있다. can't는 '캐앤(트)' 정도로 더 길고 세게 발음한다. 내용어이기 때문이다(Day 25 참고). 반면 can은 기능어이므로 '컨' 또는 '큰' 정도로 짧게 발음한다. 간혹 원어민도 헷갈려 한다. 그래서 보다 분명하게 전달하고자 할 때는 아예 can't를 쓰지 않고 cannot을 쓴다.

나는 ~할 수 없다

★ 책날개로 왼쪽 페이지를 가린 뒤 영어로 말할 수 있으면 체크! 셀로판 필터를 대면 힌트 단어가 사라집니다.

나는 ~할 수 없다

☐ 장담할 수 없어요 / 내가 구부러진 골격을 고칠 수 있다고. *bent 구부러진, 휜, 등이 굽은

☐ 죄송하지만 / 갈 수 없습니다.

나는 ~을 믿을 수 없다

☐ 믿기지 않아요.

☐ 믿기지 않아요 / 이렇게 정말 놀랄 만한 확 트인 공간이 있다는 게 / 여기.

☐ 믿을 수가 없어 / 내가 그런 실수를 하다니.

나는 기다릴 수 없다 (~하기를)

☐ 빨리 읽고 싶다.

☐ 빨리 그들을 만나고 싶다.

느낌 빡! 축약형이 더 많이 나오는 이유

can't를 cannot으로 표현하면 헷갈릴 일이 없는데, 왜 굳이 줄여서 표현하는지 의문이 들 수 있다. can't와 cannot은 뜻은 같지만 뉘앙스는 다르다. cannot을 쓰면 can't보다 격식 있고 딱딱한 문장이 된다. 혹은 불가능하다는 메시지를 강조할 수 있다. 그래서 일상회화에서는 자주 사용되지 않는다. 이 점은 축약형이 따로 있는 대부분의 표현에 해당하는 특징이다. 어느 나라나 말이 짧으면 그리 공손한 느낌은 아니다.

I can't believe it

🎙 Dialogue

A I can't believe / we have such a wonderful open space /
   here, / on top of our office building.

B It was so messy* up here before.

A Yes, there was nothing / but junk and old equipment.

B Now, it's a renewed space / with all of these beautiful
   flowers, trees, and wooden benches.

A It's totally refreshing. I feel like / I'm on top / of a
   mountain.

B I'm going to come up here / often.

느낌 빡!　dirty와 messy의 차이

흔히 손님을 초대했을 때 '집이 지저분해서 죄송해요'라고 말한다. 이럴 때 dirty를 써서 표현하
는 것은 적절하지 않다. dirty는 물건의 정리 정돈이 안 되었다기보다, 불결하고 비위생적이라는
의미가 있다. 그래서 순간 상대방은 쓰레기장을 떠올릴지도 모른다. 이럴 때는 messy를 써야
한다. 지금 여러분의 책상을 돌아보라. 정리가 안 된 상태라면 'This is messy.'가 맞다.

믿기지 않아요

★ 책날개로 왼쪽 페이지를 가린 뒤 영어로 말할 수 있으면 체크! 셀로판 필터를 대면 힌트 단어가 사라집니다.

□ A 믿기지 않아요 / 이렇게 정말 놀랄 만한 확 트인 공간이 있다는 게 /
여기, / 우리 사무실 건물 위에.

□ B 전에는 여기가 매우 어질러져 있었잖아요. *messy 지저분한, 엉망인

□ A 그래요, 아무것도 없었죠 / 잡동사니와 낡은 비품 외에는.

□ B 이제, 새로워진 공간이에요 / 이 예쁜 꽃과 수목 그리고 나무로 된
벤치가 전부 갖춰진.

□ A 정말 상쾌하네요. 전 느낌이 들어요 / 정상에 있는 것 같은 / 산의.

□ B 전 이곳에 올라올 거예요 / 자주.

Would you

Q. 누군가를 저녁 식사에 초대할 때 오고 싶은지를 묻는 말을 영어로 하면?

⚡ Pattern

103 Would you

- Would you switch seats / with my friend?
- Which one would you choose*?

104 Would you like

- Would you like anything to drink?
- Would you like me to bring any food / to the party?

105 Would you like to

- Would you like to come / to my house / this evening / for dinner?
- What would you like to do / on your trip?

느낌 빡!   과거형으로 쓰면 공손한 느낌을 준다

앞서 will, can, may 같은 조동사를 과거형으로 쓰면 과거 의미보다 추측이나 약한 확신의 표현으로 더 많이 쓰인다고 설명했다(Day 14 참고). 그뿐만 아니라 부드럽고 공손한 느낌을 전달할 수 있다. 위 예문은 모두 Will you로 대체할 수 있지만, Would you를 써서 훨씬 공손하게 표현하고 있다.

~해주겠어요?

★ 책날개로 왼쪽 페이지를 가린 뒤 영어로 말할 수 있으면 체크! 셀로판 필터를 대면 힌트 단어가 사라집니다.

~해주겠어요?

☐ 자리를 바꿔주시겠어요 / 제 친구와?

☐ 당신은 어떤 것을 선택하겠습니까? *choose 택하다, 고르다

~하시겠어요?

☐ 마실 것 좀 드릴까요?

☐ 제가 음식을 좀 가져다 드릴까요 / 파티에?

~하시겠어요?

☐ 오시겠어요 / 우리 집에 / 오늘 저녁에 / 저녁 식사하러?

☐ 무엇을 하고 싶으세요 / 여행에서?

느낌 빡! 공손한 표현을 쓰면 유창하게 보인다

영어에는 높임말이 없다는 말을 들어본 적이 있을 것이다. 영어에는 우리말처럼 존댓말은 없지만 공손한 표현은 분명 있다. 이런 표현들을 많이 알수록 여러분의 회화 실력이 남달라 보일 것이다. 가끔 외국인이 반말을 쓰면 한국말을 잘 못하는 것처럼 보이듯이 말이다. 예의를 차리면 차릴수록 여러분의 영어가 유창하게 보일 테니, Would you를 잊지 말자.

Would you like to come?

🎧 Dialogue

A Mary, **would you like to come** / to my house / this evening / for dinner?

B I'd love to. What's the occasion*?

A Well, we're having a farewell party / for my younger brother. He's going abroad / next Monday.

B Oh nice! Would you like me to bring any food / to the party?

A No, just come and have a good time. We'll take care of* the food.

느낌 빡! 영미권은 파티 문화가 발달해 있어 자주 열린다

⑩potluck party(환영회, 송별회 등 각자 음식을 가져와 즐기는 파티), home-coming party(모교나 고향에 돌아와 즐기는 파티), pajama party(주로 여자아이들이 친구 집에 모여 밤새 노는 파티), prom(드레스를 입고 이성 파트너를 정해 참가하는 고등학교 졸업 파티), baby shower(출산 전 축하 파티), cocktail party(칵테일이 제공되는 파티)

오시겠어요?

★ 책날개로 왼쪽 페이지를 가린 뒤 영어로 말할 수 있으면 체크! 셀로판 필터를 대면 힌트 단어가 사라집니다.

☐ A 메리, 오시겠어요 / 우리 집에 / 오늘 저녁에 / 저녁 식사하러?

☐ B 그러고 싶어요. 무슨 일이에요? *occasion 행사, ~의 원인이 되다

☐ A 음, 송별회를 열 거예요 / 제 남동생을 위해서. 그는 외국에 가요 /

　　　다음 주 월요일에.

☐ B 오, 좋아요! 제가 음식을 좀 가져갈까요(가져가길 원하세요)? / 파티에?

☐ A 아니요, 그냥 와서 좋은 시간 보내요. 음식은 저희가 챙길게요.

　　　*take cafe of ~을 돌보다

Have you

Q. '그 박물관에 가봤니?'를 영어로 하면?

⚡ Pattern

106 Have you

- Have you seen a doctor?
- Have you checked the comments* online?

107 Have you been (to)

- Have you been to the National Museum?
- How have you been?
- Where have you been?

108 Have you decided

- Have you decided / which one you're going to buy?
- Have you decided / what you're going to order*?
- Have you decided / on how to get there?

느낌 빽!　경험한 일이나 완료한 일을 물을 수 있는 Have you

일상에서 우리는 자신이 경험한 일에 관한 이야기를 자주 나눈다. '본 적 있어?' '가봤어?' '어떻게 지냈어?' 등등. 완료한 일에 관해서도 마찬가지다. '결정했어?' '확인했어?' 등과 같은 표현이 대화에 자주 쓰인다. Have you는 경험과 완료를 모두 표현할 수 있다. 그럼 완료인지 경험인지 어떻게 알 수 있을까? 그건 동사로 쓰인 단어의 의미나 앞뒤 문맥에 따라 결정된다.

너 ~했니/~해봤니?

★ 책날개로 왼쪽 페이지를 가린 뒤 영어로 말할 수 있으면 체크! 셀로판 필터를 대면 힌트 단어가 사라집니다.

너 ~했니/~해봤니?

- □ 병원 가봤어?

- □ 온라인 코멘트를 확인했나요? *comments 언급, 지적, 견해를 밝히다

너 ~했던 적 있니? (~에)

- □ 국립박물관에 가본 적 있니?

- □ 어떻게 잘 지냈니?

- □ 너 어디에 있었어?

너 결정했니?

- □ 결정했니 / 너는 어떤 것을 살 것인지?

- □ 결정했어요 / 무엇을 주문할지를? *order 순서, 정돈, 명령하다, 주문하다

- □ 결정하셨나요 / 그곳에 어떻게 가실지?

느낌 빡! 가봤는지 물어볼 때는 gone을 쓰지 않는다

영어로 '~에 가봤어?'라고 말하고자 할 때 우리말로 '가다'라는 의미의 go를 사용해 gone을 쓰는 경우가 종종 있다. 자주 하는 실수다. 'Have you gone to Seoul?'이라고 하면 '너는 서울로 가버렸다?'라는 뜻이다. 가본 적이 있는지 등 경험을 물을 때는 been을 써서 'Have you been to Seoul?'이라고 말해야 한다.

DAY
39

Have you been to that museum?

🌐 Dialogue

A Hey, Kelly. Have you been to the Bradford Museum of Failure?

B I've never even heard of it. What kind of exhibitions do they have?

A They exhibit failed products / from the world's best-known companies.

B Interesting. I wonder why they opened / that kind of museum.

A It was founded to deliver the message / that we need to admit* our failures / to truly succeed.

느낌 빡!   We need to admit our failures to truly succeed

이 문장은 영어 실력 향상은 물론, 여러분의 꿈을 이루는 비결이다. 공신이 되고 못 되고의 차이도 여기 있다. 공신들은 시험을 망쳐도 시험지를 찢어버리지 않는다. 틀린 문제들을 붙들고 며칠이고 연구한다. 그리고 그 실수를 반복하지 않는다. 그럼 다음 시험에서 성적이 오를 수밖에 없다. 결국 실패는 실패가 아닌, 성공을 위한 비결이 된다. 여러분도 분명 그렇게 될 것이다. 이 사실을 잊지만 않는다면.

그 박물관에 가본 적 있니?

★ 책날개로 왼쪽 페이지를 가린 뒤 영어로 말할 수 있으면 체크! 셀로판 필터를 대면 힌트 단어가 사라집니다.

☐ A 이봐, 켈리. '브래드포드 실패 박물관'에 가본 적이 있니?

☐ B 그곳에 관해 들어본 적도 없어. 어떤 종류의 전시를 하고 있지?

☐ A 그곳은 실패한 제품들을 전시하고 있어 / 세계에서 가장 유명한
회사들의.

☐ B 흥미롭네. 왜 열었는지 궁금해진다 / 그런 종류의 박물관을.

☐ A 그것은 메시지를 전달하기 위해 설립되었어 / 우리가 우리의 실패를
인정할 필요가 있다는 / 진정으로 성공하기 위해서는.

*admit 인정하다, 허용하다

5회독 체크표 ▶	1	2	3	4	5

It'll

Q. '그렇게 하면 더 좋을 거야'를 영어로 하면?

⚡ Pattern

109 It'll be

- It'll be better / if you can come.
- I'm sure / it'll be OK.
- It'll be from December 3rd to the 7th.

110 It'll help

- It'll help you find hotel information / more easily.
- It'll help you become more creative*.

111 It'll take

- It'll take about 30 minutes.
- It'll take place at Magic River Park.

느낌 빡! 미래를 예측하거나 전망할 때 유용한 표현

It'll은 미래를 예측하거나 전망할 때 유용하게 쓸 수 있는 표현이다. 영화를 보기 전에 It'll be fun(재밌을 거야), 날씨를 예측하면서 It'll be cloudy(흐릴 거야), 회의에 들어가면서 It'll be over after one(1시 이후에 끝날 거야)과 같이 말할 수 있다. 지금 여러분의 상황을 예측해서 말해보길 바란다. 예문도 좋지만 직접 각자의 상황에 맞게 말해보는 것이 가장 좋다.

그것은 ~할 것이다

★ 책날개로 왼쪽 페이지를 가린 뒤 영어로 말할 수 있으면 체크! 셀로판 필터를 대면 힌트 단어가 사라집니다.

그것은 ~할 것이다

☐ 더 좋을 거예요 / 당신이 오실 수 있다면.

☐ 확신해요 / 괜찮을 거라고.

☐ 12월 3일부터 7일까지입니다.

그것은 도울 것이다

☐ 그것은 호텔 정보를 찾게 도와줄 거예요 / 더 쉽게.

☐ 좀 더 창의적이 되도록 도와줄 거예요. *creative 창조적인, 창의적인, 창의적인 사람

(시간이)걸릴 것이다/그것은 가질 것이다

☐ 30분 정도 걸릴 겁니다.

☐ 그것은 매직 리버 공원에서 열릴 거예요.

느낌 빡! 축약되면 발음이 달라진다

will이 축약형으로 쓰이는 경우에는 발음이 변한다. It'll을 그대로 발음하면 원래는 '이틀'이어 야 하지만 /t/ 발음이 /d/ 발음으로 약화돼, '이들(혹은 '이를')'에 가까운 발음이 된다. That'll 도 마찬가지다. '대틀'이 아니라 '대들(혹은 '대를')'로 발음된다.

It'll be better if you do so

❂ Dialogue

A I'm John Carter, producer of the *Wisdom Quiz Show*
at CBC. May I talk to you / for a minute?

B Sure.

A Thanks. We've made quiz questions for the show and
we could use your input* / on some of them.

B Hmm⋯. Do I have to visit your office?

A We could do it / by e-mail, but it'll be better /
if you stop by* in person**.

B Well, I think I can be there / if it's not Monday.

느낌 빡! for a minute는 '1분 동안'이 아니다

for a minute를 글자 그대로 해석하면 '1분 동안'이란 의미다. 하지만 꼭 1분이라기보다는 '잠
깐만'이라는 의미로 쓰인다. 'Can I talk to you for a second?'라고도 할 수 있는데, for a
second는 심지어 '1초 동안'이다. 그만큼 짧은 시간을 가리킨다. for a moment도 '잠깐'이
란 뜻이며 for a while은 좀 더 긴 '잠시 동안'이란 의미다. 그렇다면 '오랫동안'은 뭐라고 할까?
for a long time 혹은 for long이라고 한다.

그렇게 하면 더 좋을 거예요

★ 책날개로 왼쪽 페이지를 가린 뒤 영어로 말할 수 있으면 체크! 셀로판 필터를 대면 힌트 단어가 사라집니다.

□ A 저는 CBC 방송국에서 〈위즈덤 퀴즈 쇼〉를 담당하는 프로듀서 존 카터
입니다. 얘기 좀 나눌 수 있을까요 / 잠깐?

□ B 물론이죠.　　　　*input 조언, 투입, 정보, 입력하다

□ A 감사합니다. 저희가 쇼를 위해서 퀴즈 질문들을 만들었는데 당신의
조언을 쓸 수 있을 것 같습니다 / 그것들 중 몇 가지에 관해.

□ B 흠…. 제가 당신의 사무실을 방문해야 합니까?

□ A 저희는 그것을 할 수 있을 겁니다 / 이메일로, 하지만 더 좋을 거예요 /
당신이 직접 들르실 수 있다면. *stop by 들르다 **in person 직접

□ B 그럼, 제가 거기로 갈 수 있을 것 같아요 / 월요일만 아니면.

5회독
체크표 ▶ | 1 | 2 | 3 | 4 | 5 |

❝ 동기 부여 100% 강성태 어록 ⋯⋯⋯⋯⋯⋯⋯⋯⋯⋯⋯⋯⋯⋯⋯⋯⋯⋯⋯⋯⋯⋯⋯⋯⋯⋯⋯⋯⋯⋯

인생은 단 1초도 돌이킬 수 없다. 연습은 없다. 모든 순간이 실전이다.

❞

DAY 41

They're

Q. 이해하기가 훨씬 더 쉽다는 말을 영어로 하면?

⚡ Pattern

112 They're

- They're having a huge sale / this week.
- They're a lot easier / to understand.
- They're too small / for the kids.

113 They're all

- They're all ready.
- They're all so beautiful.

114 They're ~ each

- They're $50 each for adults / and $35 each for children.
- They're $30 and $25 each*.

느낌 빡! 자신감이 없으면 영어회화도 없다

회화를 하다 보면 복수형으로 표현하는 것이 잘 안 된다. they're을 it's라고 하는 실수를 자주한다. 우리말에서는 단수나 복수 개념이 명확하지 않아서다. 하지만 틀리는 걸 두려워하지 말자. 두려워해서 안 쓰고, 안 쓰니까 실력은 떨어지고, 실력이 떨어지니 더 두렵고 더 안 쓰는 악순환을 낳는다. 영어를 할 때 자신감은 가지면 좋은 것이 아니다. 반드시 가져야만 하는 것이다.

그(그것)들은 ~이다

★ 책날개로 왼쪽 페이지를 가린 뒤 영어로 말할 수 있으면 체크! 셀로판 필터를 대면 힌트 단어가 사라집니다.

그(그것)들은 ~이다

- ☐ 그들은 대대적인 세일을 해요 / 이번 주에.
- ☐ 그것들은 훨씬 쉬워 / 이해하기가.
- ☐ 그것들은 너무 작아요 / 아이들에게.

그(그것)들은 모두 ~이다

- ☐ 그들은 모두 준비됐어요.
- ☐ 그들은 모두 너무 아름다워요.

그(그것)들은 각각 ~이다

- ☐ 어른은 각각 50달러입니다 / 어린이는 각각 35달러이고.

- ☐ 각각 30달러와 25달러입니다. *each 각각, 각자

느낌 빡!   발전하려면 틀리는 게 낫다!

시험공부를 할 때 문제집을 왜 푸는가? 틀리기 위해서다. 틀린 문제가 하나도 없다면, 사실 나아진 건 거의 없다. 새롭게 알게 된 것이 없으니까. 그러니 부족한 부분을 찾아 개선하려면 틀려야 한다! 공부든 영어회화든 틀릴까 봐 걱정하지 마라. 오히려 틀리면 기뻐해라. 틀릴 걸 두려워하는 대신 두려움 때문에 틀린 것을 발견하지 못할 것을 두려워해라.

They're a lot easier to understand

🎤 Dialogue

A Alice, did you finish the report?

B Not yet. I haven't decided / which graph I'll use.

A Let me see. How about the line graph / with dots?

B I'm afraid it might not be good / for my report / this time.

A Then, how about one of the bar graphs*? They're a lot easier / to understand.

B That's what I was thinking.

느낌 빡! not yet에 생략된 것

'Not yet.'은 무언가 끝내지 못했을 때 매우 흔히 쓰이는 표현이다. yet이 '아직'이란 의미기 때문에 아직 아니라는 뜻이다. 대화문의 'not yet'은 딱 봐도 주어와 동사가 없는 표현이다. 이를 완전한 문장으로 표현하자면 'I didn't finish it yet(아직 그것을 끝내지 않았어요).'이다. 여기서 not과 yet만 남은 것이라고 봐도 된다.

그것들은 이해하기가 훨씬 쉬워요

★ 책날개로 왼쪽 페이지를 가린 뒤 영어로 말할 수 있으면 체크! 셀로판 필터를 대면 힌트 단어가 사라집니다.

☐ A   앨리스, 보고서 다 끝냈어요?

☐ B   아직은 아니에요. 결정하지 못했어요 / 어떤 그래프를 제가 사용할지.

☐ A   어디 봐요. 선 그래프는 어때요 / 점이 있는?

☐ B   좋지 않을 수도 있을 것 같아요 / 제 보고서에는 / 이번.

☐ A   그렇다면 막대그래프 중 하나로 하면 어떨까요? 그것들은
　　　훨씬 쉬워요 / 이해하기가. *bar graph 막대그래프(bar chart)

☐ B   그게 제가 생각하고 있던 거예요.

DAY 42

I want

Q. 노트북을 사고 싶다는 말을 영어로 하면?

⚡ Pattern

115 I want

- I want my students to learn / about the animals / before our trip.
- I want the other one.

116 I want to

- I want to talk / to Ms. Smith / about some ideas / I have / for a new book.
- I want to buy a laptop computer.

117 I want you to

- I want you to fill in* / for her / temporarily.
- I want you to tell me.

느낌 빡! want와 hope의 어원

want와 hope 둘 다 원하고 바란다는 의미다. 하지만 쓰임이 다르다. 어원을 알면 쉽게 이해된다. want의 어원은 vacant(비어 있는)와 같다. 철자가 비슷하다(w는 v를 두 개 겹친 것). 결핍 상태여서 곧장 뭔가를 원하는 상태다. 마치 며칠 굶어 배 속이 '빈' 상황과 같다. 반면 hope의 어원은 '신에게 기도한다'는 의미였다. want는 당장이라도 하고 싶다는 적극적인 의미인 반면 hope는 훨씬 수동적인 '소망'의 의미다.

나는 ~을 원한다

나는 ~을 원한다

☐ 나는 내 학생들이 배웠으면 좋겠다 / 동물들에 관해 / 우리의 여행 전에.

☐ 나는 다른 하나를 원해(나는 다른 것을 원해).

나는 ~하고 싶다

☐ 얘기하고 싶어요 / 스미스 씨와 / 몇 가지 아이디어에 관해 / 내가 가지고
있는 / 새 책에 관한.

☐ 나는 노트북 컴퓨터를 사고 싶어.

나는 네가 ~하길 원한다

☐ 대신해서 일 좀 해주세요 / 그녀를 / 임시로. *fill in ~을 채우다, ~을 대신하다

☐ 네가 나에게 말해줬으면 해.

느낌 빡! want와 hope 뒤에 오는 표현

want는 원하는 것을 곧장 말하는 표현이기에 뒤에 to 부정사가 바로 온다. 반면 hope는 신에게
빈다는 의미가 있어, 소망하는 대상을 직접 언급하지 않고 that절 안에 누군가가 하길 바라는 바
를 넣어서 표현한다.
I want you to study. (O) / I want that you study. (X)
I hope you to study. (X) / I hope that you study. (O)

I want to buy a laptop

🌀 Dialogue

A Jack, what are you doing?

B Hey, Julia. I want to buy a laptop, so I'm looking at this price comparison site.

A Ah, have you decided / which one you're going to buy?

B Yes. Model 'PJ6370.' You can see it here / on the screen.

A Looks nice. How much are you willing to* pay?

B Up to 1,500 dollars.

느낌 빡!　'미래의 의지'를 나타내는 be willing to

be willing to는 '기꺼이 ~하다'는 뜻인데, 따로 외울 필요 없다. I'll 패턴에서 will 자체가 '의지'라는 의미의 단어여서 미래 시제를 표현하게 되었다고 배웠다(Day 04 참고). to도 미래의 의미를 담고 있다(영문법 #3 참고). 결국 be willing to는 미래에 무언가를 할 의지가 있다는 뜻이니 '기꺼이 ~하겠다'는 뜻이 된다.

노트북을 사고 싶어

★ 책날개로 왼쪽 페이지를 가린 뒤 영어로 말할 수 있으면 체크! 셀로판 필터를 대면 힌트 단어가 사라집니다.

☐ A 잭, 뭐 하고 있니?

☐ B 안녕, 줄리아. 노트북 컴퓨터를 사고 싶어, 그래서 이 가격 비교 사이트를 보고 있어.

☐ A 아, 결정했니 / 어느 것을 살 것인지 ?

☐ B 응. 'PJ6370' 모델로 정했어. 여기서 그 모델을 볼 수 있어 / 화면에.

☐ A 멋져 보이네. 얼마나 지불할 의향인데? *be willing to 기꺼이 ~하다

☐ B 1,500달러까지야.

I like

Q. 취미나 관심사를 이야기할 때 쓸 수 있는 영어 표현은?

⚡ Pattern

118 I like

- I like it.
- I like that idea.
- I like New York / more than Boston.

119 I like -ing

- I like doing it / because it relaxes* me.
- I like collecting* coins.
- I like working outside.

120 I like to

- I like to stay home / in the evenings.
- I like to eat pizza.

느낌 빡! 취미 vs. 원하는 것

I like -ing와 I like to 모두 좋아하는 것이나 취미를 말할 때 사용된다. 그런데 like to에 would를 붙이면 전혀 다른 의미가 된다. I'd like 패턴은 취미가 아닌 원하는 바를 말하는 표현 이다(Day 14 참고). 한마디로 I want의 공손한 버전이다.

나는 ~을 좋아한다

★ 책날개로 왼쪽 페이지를 가린 뒤 영어로 말할 수 있으면 체크! 셀로판 필터를 대면 힌트 단어가 사라집니다.

나는 ~을 좋아한다

- ☐ 마음에 들어요.
- ☐ 나는 그 생각이 좋아요.
- ☐ 나는 뉴욕을 좋아해요 / 보스턴보다 더.

나는 ~하는 것을 좋아한다

- ☐ 난 그거 하길 좋아해 / 그게 내 긴장을 풀어줘서. *relax 휴식을 취하다, 긴장이 풀리다
- ☐ 나는 동전 모으는 것을 좋아해. *collect 모으다, 수집하다
- ☐ 나는 밖에서 일하는 것을 좋아해.

나는 ~하는 것을 좋아한다

- ☐ 나는 집에 있는 것을 좋아해 / 저녁에.
- ☐ 나는 피자 먹는 것을 좋아해.

느낌 빡! hate란 단어를 너무 많이 쓰면

무엇을 좋아하고 싫어하는지도 일상에서 자주 나오는 대화 주제다. 특히 '싫어한다'라는 표현으로 흔히 hate라는 단어를 배운다. 그러다 보니 hate를 자주 쓰곤 하는데 hate는 몹시 싫어한다는 의미다. 대부분의 경우는 무엇을 대놓고 싫어한다기보다 좋아하지 않는 정도일 것이다. 그러니 don't like를 활용하길 추천한다. hate란 단어를 자주 쓰다 보면 화가 많은 사람처럼 보일지도 모른다!

DAY 43

I like doing it

🌀 Dialogue

A What did you do last Saturday, Steve?

B I went hiking*. How about you, Brenda?

A I made some candles / for my mom and sister.
I actually love making candles.

B Cool. Is there a special reason / for that?

A I like doing it / because it relaxes me.

B Oh, that's good.

A Also, candles make great presents.

느낌 빡! '취미가 뭐예요'를 영어로 하면?

'Do you have any hobbies?'라고 물으면 위 대화문처럼 'I like -ing'로 답하면 된다. 그런데
한 영어 교육 업체에서 원어민들은 'What's your hobby?'가 틀렸다는 내용의 강의를 광고로
내보냈다. 아니나 다를까 댓글에 난리가 났다. 결론은, 쓴다! 다만 좀 직설적이다. 또 취미가 보
통 여러 개이니 hobbies로 쓰는 게 낫다. 'What do you do for fun?' 'What do you like to
do?'와 같은 표현을 써도 좋다.

난 그거 하길 좋아해

★ 책날개로 왼쪽 페이지를 가린 뒤 영어로 말할 수 있으면 체크! 셀로판 필터를 대면 힌트 단어가 사라집니다.

☐ A   스티브, 지난 토요일에 뭐 했니?

☐ B   나는 등산(하이킹)을 했어. 브렌다, 너는? *go hiking 도보 여행을 가다

☐ A   나는 초를 몇 개 만들었어 / 엄마와 여동생을 위해.
       사실 양초 만드는 것을 좋아해.

☐ B   멋지다. 특별한 이유가 있어 / 그것을 위한?

☐ A   난 그거 하길 좋아해 / 그게 내 긴장을 풀어줘서.

☐ B   아, 좋네.

☐ A   게다가 초는 좋은 선물이 될 수 있어.

❝ 동기 부여 100% 강성태 어록 ⋯⋯⋯⋯⋯⋯⋯⋯⋯⋯⋯⋯⋯⋯⋯⋯⋯⋯⋯⋯⋯⋯⋯⋯⋯⋯⋯

됐고, 그냥 공부해라. 물을 마시듯, 밥을 먹듯 공부는 자연스러운 일상이 되어야 한다.

⋯⋯⋯⋯⋯⋯⋯⋯⋯⋯⋯⋯⋯⋯⋯⋯⋯⋯⋯⋯⋯⋯⋯⋯⋯⋯⋯⋯⋯⋯⋯⋯⋯⋯⋯⋯⋯ ❞

영어는 수학이 아니야!

#시제

 뭐가 문제야 say something ♪

우리말에는 과거, 현재, 미래, 이렇게 3개의 시제가 존재한다. 그런데 영어에는 흔히 12시제라고 하여 12개의 시제가 존재한다. 숫자로만 따지면 영어의 시제가 우리보다 4배가 많다.

영어의 12시제 중에 완료형은 한국어로 마땅히 대체할 말이 없다. '과거에 시작해서 지금도 하고 있다(혹은 지금 다 했다)'라는 식으로 길게 설명해야만 한다. 이해가 잘 안 되니 선생님들께선 보통 수직선까지 동원해서 설명을 한다. 배울 때도 상당히 생소해 수강생들이 늘 어려워한다.

 외울 필요 없잖아 Don't worry ♪

어떤 나라에서는 무지개가 7가지 색이라고 하지 않는다. 실제로 무지개를 보면 색깔이 칼같이 나눠지지 않고 경계가 모호하다. 누군가에겐 5가지 색 혹은 10가지 색으로 보일 수 있다. 미국에서는 무지개를 6가지 색으로 여기기도 한다.

시제 표현도 그렇다. 과거, 현재, 미래 3가지가 전부라는 생각은 고정관념이다. 예를 들어 인도네시아어에는 시제가 없다. 정확히 말하면, 우리말이나 영어처럼 동사를 변화시켜서 시제를 바꾸는 문법이 없다.

하지만 시간을 나타낼 수 있는 표현은 있다. 예를 들어 문장에 '어제'에 해당하는 단어를 붙이면 그냥 그것으로 과거가 표현된다. 반대로 똑같은 문장에 '내일'이란 단어만 더하면 미래 표현이다.

전문가들에 따르면, 한 언어에서 시간 표현이 비교적 세분화된 이유는 해당 문화권에서 시간에 대한 세세한 묘사가 필요했기 때문이다. 실제로 인도네시아 같은 동남아 지역은 1년 내내 기온이 따뜻하다. 작물을 심으면 정말 잘 자란다. 언제든 씨를 뿌리면 된다. 한쪽에서 수확하고 있으면 다른 한쪽에서 씨를 뿌리고 있는 풍경이 흔하다. 이러니 시간 개념을 굳이 세세히 구분할 필요가 적었던 것이다. 우리 문화권에서는 상상도 못했을 일이다. 봄에 씨 뿌리는 시기를 놓치면 온 가족이 굶어 죽었을 것이다.

비단 시제만이 아니다. 단어를 공부할 때도 한국어와 영어가 수학처럼 1:1 매칭된다고 생각하기 쉽지만, 절대 그렇지 않다. 예를 들어 서명 문화가 발달한 영미권에서는 일반인이 하는 서명인 signature와 유명인의 사인인 autograph를 구분해서 쓴다. 이렇듯 어원과 문화를 알면 영어 공부가 재밌어진다. 자칫 지루할 수 있는 단어도 문법도 회화도 재밌는 이야기가 되니까.

Day 45–55

DAY
45

May I

Q. 도움이 필요해 보이는 상대방에게 정중하게 물을 때 쓰는 영어 표현은?

⚡ **Pattern**

121 **May I**

- May I speak to Sara Brown?
- May I take a few pictures?
- May I see your identification*?

122 **May I help**

- May I help you?
- How may I help you?

123 **May I have**

- May I have my bill?
- May I have your name please?
- May I have your room number?

느낌 빡!   May I vs. Can I

허락을 구할 때 쓰는 표현인 May I는 Can I보다 격식을 갖춰 정중하게 묻는 표현이기에 상대적으로 덜 쓴다. Can I 대비 59.1% 빈도로 사용된다. 정말 친한 친구 사이라면 평생 쓸 일이 거의 없다. 위 예문의 표현을 모두 Can I로 바꾸어도 의미는 당연히 통한다. 다만 정중한 느낌이 조금 덜할 뿐이다.

제가 ~해도 될까요?

★ 책날개로 왼쪽 페이지를 가린 뒤 영어로 말할 수 있으면 체크! 셀로판 필터를 대면 힌트 단어가 사라집니다.

제가 ~해도 될까요?

☐ 사라 브라운과 통화할 수 있을까요?

☐ 사진 몇 장 찍어도 될까요?

☐ 신분증을 보여주시겠습니까? *identification 신분 확인, 인지, 신분증

제가 도와드릴까요?

☐ 도와드릴까요?

☐ 어떻게 도와드릴까요?

제가 가져도 될까요?

☐ 계산서를 받을 수 있을까요?

☐ 성함을 알 수 있을까요?

☐ 당신의 방 번호를 알 수 있을까요?

느낌 빡!   May I help you?

'May I help you?' 혹은 'How may I help you?'는 윗사람이나 낯선 사람에게 사용하는 정중한 표현이다. 그래서 여행을 간다면 가장 먼저 듣게 될 표현일 가능성이 크다. 보통 호텔에 도착해 체크인을 하러 프런트 데스크에 가면 저렇게 물어볼 것이다. 혹은 쇼핑하려고 면세점에 들어갔을 때 점원이 저렇게 말하면서 다가올지 모른다.

How may I help you?

🎤 Dialogue

A How may I help you?

B I'm wondering if you can do anything / with this racket.

A Let's see…. Oh, it's damaged.

B I dropped it and stepped on* it / by mistake / while I
   was playing badminton / in the gym / yesterday.

A I can replace the broken strings / easily, / but I can't
   guarantee / that I can fix the bent frame.

B Could you try to / fix it / for me, please? I have to use
   this / tomorrow.

느낌 빡! | I guarantee 패턴

패턴 순위 안에 들진 못했지만, I guarantee 패턴도 알아두면 좋다. '내가 보증한다'는 뜻으로
다른 사람에게 확신을 주는 표현이다. 'I bet.'이라고 할 수도 있다. bet이 '내기에 돈을 건다'
는 뜻이니 '내기하자'라고 하면 그만큼 확실하단 뜻 아닌가. 'I guarantee she's right.' 혹은 'I
bet she's right.' 등과 같이 활용할 수 있다.

어떻게 도와드릴까요?

★ 책날개로 왼쪽 페이지를 가린 뒤 영어로 말할 수 있으면 체크! 셀로판 필터를 대면 힌트 단어가 사라집니다.

- ☐ A 어떻게 도와드릴까요?

- ☐ B 뭐라도 해주실 수 있는지 궁금해요 / 이 라켓에.

- ☐ A 제가 좀 볼게요…. 아, 손상됐군요.

- ☐ B 떨어뜨리고 발로 밟았어요 / 실수로 / 배드민턴을 치다가 / 체육관에서 / 어제. *step on (남의 감정)을 해치다, ~을 밟다

- ☐ A 망가진 줄을 교체할 수는 있어요 / 어렵지 않게, / 하지만 장담할 수는 없어요 / 테가 구부러진 걸 고칠 수 있다고.

- ☐ B 한번 해보실 수 있을까요 / 그걸 고치는 걸 / 저를 위해, 제발? 이걸 사용해야 하거든요 / 내일.

You'll

Q. 상대가 예상한 것과 다를 거라는 말을 영어로 하면?

⚡ Pattern

124 You'll

- You'll do fine.
- You'll see Eva's Bakery / on your right.

125 You'll be

- You'll be surprised / when I tell you / how much it cost*.
- You'll be fine.

126 You'll have to

- You'll have to wait / for two weeks.
- You'll have to think / about what the students want.

느낌 빡!   will must (X) - will have to (O)

You'll은 '너는 ~할 것이다'라는 뜻으로 상대방에 관한 미래의 일을 표현한다. 여기에 '너는 ~해야만 할 것이다'라고 의무의 뜻을 더하려면 어떻게 해야 할까? 그러려면 must를 써야 하는데, 영어에서는 will must처럼 조동사를 연달아 쓸 수 없다. 그래서 have to가 필요한 것이다. must와 같은 의미인 have to는 will과 함께 쓸 수 있기에 will have to 형태가 된 것이다.

너는 ~할 것이다

★ 책날개로 왼쪽 페이지를 가린 뒤 영어로 말할 수 있으면 체크! 셀로판 필터를 대면 힌트 단어가 사라집니다.

너는 ~할 것이다

☐ 넌 잘할 거야.

☐ 당신은 에바 빵집을 볼 겁니다 / 오른쪽에서.

너는 ~하게 될 것이다

☐ 넌 깜짝 놀랄 거야 / 내가 말하면 / 가격이 얼마인지. *cost 값, 경비, (값, 비용이)~들다

☐ 당신은 좋아질 거예요.

너는 ~해야만 할 것이다

☐ 당신은 기다려야 할 거예요 / 2주 동안.

☐ 당신은 생각해야 할 거예요 / 학생들이 무엇을 원하는지에 관해.

느낌 빡! can과 will be able to

'너는 미래에 ~할 수 있을 거야'란 표현은 영어로 뭘까? 상대방에 관한 미래의 일이니까 you'll 패턴이 맞다. 그런데 '할 수 있다'는 뜻의 can도 조동사이므로 will과 연달아 쓸 수 없다. 이때는 can과 같은 뜻인 be able to를 쓴다. 즉 will be able to를 써서 'You'll be able to do it.'이 된다. have to나 be able to와 같은 표현은 will이 필요할 때 must나 can을 대신해 유용하게 쓸 수 있다.

You'll be surprised

🎙 Dialogue

A Wow! That digital camera looks great. Is it the latest* model?

B Yes, it is. You'll be surprised / when I tell you / how much it cost.

A How much was it?

B The original price was $500, but I only paid $300.

A Great! How did you get such a big discount?

B This camera was a display model.

느낌 빡!　late와 latest가 인생에 주는 교훈
. . . .

the latest model은 '최신 모델'을 뜻한다. 그런데 latest는 참 재밌는 표현이다. 원래 late는
'늦은, 돌아가신, 지각한' 등 부정적인 뜻을 갖는다. latest는 late의 최상급이기 때문에 가장 부
정적인 의미일 것 같지만, '가장 늦은'이란 뜻 외에도 '최신'이라는 긍정적인 의미가 있다. 인생
도 마찬가지다. 안 좋은 일처럼 보여도 좋은 쪽으로 생각하길 바란다. 어떤 경우에도 여러분 인
생에서 막다른 길은 없으니까.

넌 깜짝 놀랄 거야

★ 책날개로 왼쪽 페이지를 가린 뒤 영어로 말할 수 있으면 체크! 셀로판 필터를 대면 힌트 단어가 사라집니다.

□ A 와! 그 디지털 카메라 좋아 보인다. 최신 모델이야?

　　　 *latest 최신의

□ B 응, 맞아. 넌 깜짝 놀랄 거야 / 내가 말하면 / 가격이 얼마인지.

□ A 얼마였는데?

□ B 원래 가격은 500달러였는데 300달러만 냈어.

□ A 훌륭해! 어떻게 그렇게 많이 할인받았어?

□ B 사실 이 카메라는 진열용 모델이었어.

66 동기 부여 100% 강성태 어록

독수리로 태어나면 뭐 하겠나, 절벽에서 뛰어내릴 용기가 없다면. 그래서 날아볼 기회마저 없다면 아무리 멋진 날개도 거추장스러운 장식품일 뿐이다.

99

237

Is there

Q. '먹을 것이 좀 있어요?'를 영어로 하면?

⚡ Pattern

127 Is there

- Is there a problem / with the book?
- Is there a special reason / you make candles?
- Is there a delivery fee*?

128 Is there any/anything

- Is there any way / to get it there / faster?
- Is there any particular reason?
- Is there anything / to eat?

129 Is there something

- Is there something wrong?
- Is there something / I should know?

느낌 빡! Is there any way to get it there faster?

배송이 시간 안에 되어야 하는 상황에서 '그것을 더 빨리 거기에 보내는 방법이 없을까요?'라고 요청하는 맥락이다(Day 14 참고). 대놓고 '보내주세요'보다 정중하게 부탁하는 표현이다. 'Is there any way you could ~ ?' 'Is there any way you can ~ ?' 등과 같이 way 뒤에 to 부정사가 아닌 문장, 즉 주어와 동사가 포함된 절을 쓸 수도 있다.

~이 있니?

★ 책날개로 왼쪽 페이지를 가린 뒤 영어로 말할 수 있으면 체크! 셀로판 필터를 대면 힌트 단어가 사라집니다.

~이 있니?

☐ 무슨 문제가 있나요 / 그 책에?

☐ 특별한 이유가 있나요 / 당신이 초를 만드는?

☐ 배송료가 있나요? *fee 수수료, 요금

어떤 ~이 있니?

☐ 어떤 방법이 있나요 / 그것을 거기에 보내는 / 더 빨리?

☐ 특별한 이유라도 있나요?

☐ 어떤 것이 있습니까 / 먹을?

~할 무엇이 있니?

☐ 문제가 있습니까?

☐ 뭔가가 있습니까 / 내가 알아야 할?

느낌 빡! Is there 발음 따라 하기

이 책에서 다루는 패턴들은 하나같이 자주 사용하는 표현이다. 자주 사용되는 만큼 척하면 착하고 알아듣는 표현들이기에 매우 빠르게 발음하고 넘어가는 경우가 많다. 잘 안 들리는 만큼 더더욱 이 패턴들을 확실하게 익힐 필요가 있다. Is there은 '이즈데얼'이 맞는 발음이지만 빨리 발음하면 '이절'에 가까운 발음이 된다. '이절애니' '이절썸씽' 이런 식이다.

DAY
47

Is there anything to eat?

🥄 Dialogue

A Is there anything to eat, George? I'm starving*.

B I thought there was some pizza / in the refrigerator, / but it's gone.

A I don't feel like cooking. Why don't we order out?

B OK. Let's get some Chinese food.

A No, it's too greasy. How about Korean food / instead?

B Now that you mention it, I'd like a Korean meal.

느낌 빡! food, dish, meal의 차이

food: 사람들이 일반적으로 먹는 음식. fast food는 주문 후 빨리 나오는 음식이다.
dish: 식사의 일부로 만든 요리. main dish는 식사에서 가장 주된 요리를 가리킨다.
meal: 아침, 점심, 저녁으로 먹는 식사나 끼니. 식사하기 전에는 'Enjoy your meal.'이라고 하
고, 식사를 마치고 난 뒤에는 'Did you enjoy your meal?'이라고 묻는다.

먹을 것이 있어?

★ 책날개로 왼쪽 페이지를 가린 뒤 영어로 말할 수 있으면 체크! 셀로판 필터를 대면 힌트 단어가 사라집니다.

☐ A **조지, 먹을 것이 있어? 배가 고파.** *be starving 배가 고파 죽을 지경이다

☐ B **피자가 좀 있는 것 같았는데 / 냉장고 안에, / 그런데 없어.**

☐ A **요리하고 싶은 기분이 아닌데. 주문하는 게 어때?**

☐ B **좋아. 중국 음식을 좀 주문하자.**

☐ A **싫어, 너무 기름기가 많아. 한식은 어때 / 대신?**

☐ B **그렇게 말하니 한식이 먹고 싶네.**

I didn't

Q. '네가 관심 있는 줄 몰랐어'를 영어로 하면?

⚡ Pattern

130 I didn't

- I didn't think about that.
- I didn't have breakfast.

131 I didn't know

- I didn't know / they were interested in* my proposal.
- I didn't know / you're interested in romantic movies.

132 I didn't realize

- I didn't realize / it was so late.
- I didn't realize / this place is so busy / all the time.

느낌 빡! 언어의 발달 과정

초창기 영어는 표현이 많지 않았다. 동사 play로 예를 들면, 초기엔 시제 구분도 없이 'I play(나는 논다)'뿐이었다. 하지만 'I will play(놀 것이다)' 'I played(놀았다)' 'I've played(놀아왔다)' 'I can play(놀 수 있다)' 'I could play(놀 수 있을 것이다)' 'I don't play(놀지 않는다)' 'I didn't play(놀지 않았다)' 등 다양한 상황과 필요에 따라 미묘한 의미까지 표현할 수 있도록 점차 확장되었다.

나는 ~하지 않았다

★ 책날개로 왼쪽 페이지를 가린 뒤 영어로 말할 수 있으면 체크! 셀로판 필터를 대면 힌트 단어가 사라집니다.

나는 ~하지 않았다

- □ 그것에 관해 생각 안 해봤어.
- □ 나는 아침을 먹지 않았어요.

나는 몰랐다

- □ 나는 몰랐어요 / 그들이 내 제안에 관심이 있는지. *be interested in ~에 관심이 있다
- □ 나는 몰랐어 / 네가 로맨틱 영화에 관심이 있는지.

나는 깨닫지 못했다

- □ 몰랐어요 / 이렇게 늦은 줄.
- □ 몰랐어요 / 여기가 이렇게 바쁜지 / 항상.

느낌 빡! 문법의 절반은 동사의 섬세한 표현을 배우는 것

이렇듯 우리를 괴롭혔던 문법의 절반 이상이 동사의 다양한 표현법에 불과하다. 공신닷컴과 유튜브에 '영문법 절반이 10분 만에 이해되는 영상'을 꼭 보길 바란다. 또한 영문법 내용을 한 장에 압축한 것이 '문법맵'이다. 공신닷컴에서 무료로 다운을 받을 수 있으니 회화맵, 어원맵과 함께 출력해서 벽에 붙여놓자. 영어가 훨씬 쉬워진다.

I didn't know you're
interested in it

🎙 Dialogue

A What are you looking at / on your smartphone?

B I'm watching the movie *Romeo and Juliet*.

A I didn't know you're interested / in romantic movies.

B I'm not really.

A Well, do you like the actors / in the movie?

B Actually, I'm going to play* Juliet / in the play, / and I'm
watching this / because I want to better understand
my role.

느낌 빡!   see vs. look at vs. watch vs. view

see는 '본다'는 뜻인데, 적극적으로 보는 뉘앙스는 아니다. look at은 집중해서 주로 정지된 어
떤 것을 본다는 의미로, 전치사 at은 문법적으로 시점이나 지점의 '점'을 뜻한다. watch는 짧은
시간이 아닌 한동안 보는 것을 나타낸다. 그래서 TV를 볼 때는 watch를 쓴다. 다만 채널을 돌리
지 않는 영화 같은 것을 볼 땐 see, watch 둘 다 쓴다. view도 있지만 격식을 차린 표현이라 일
상에선 잘 쓰이지 않는다.

네가 관심이 있는지 몰랐어

★ 책날개로 왼쪽 페이지를 가린 뒤 영어로 말할 수 있으면 체크! 셀로판 필터를 대면 힌트 단어가 사라집니다.

☐ A 뭘 보고 있니 / 스마트폰으로?

☐ B 영화 〈로미오와 줄리엣〉을 보고 있어.

☐ A 네가 관심이 있는지 몰랐어 / 로맨틱한 영화에.

☐ B 그렇지 않아.

☐ A 그럼, 배우들이 맘에 드는 거야 / 그 영화에 나오는?

☐ B 실은 내가 줄리엣 역을 맡을 예정이야 / 연극에서, / 그래서 이것을
보고 있어 / 내 역할을 더 잘 이해하고 싶기 때문에.

*play 놀다, (스포츠팀에서) 뛰다, 연주하다, 연기하다

I've been

Q. '나는 이걸 계속 해봤어요'를 영어로 하면?

⚡ Pattern

133 I've been

- I've been busy.
- I've been stuck in* traffic / for half an hour.
- I've been working.

134 I've been trying

- I've been trying this experiment / again and again.
- I've been trying to reach* you / all morning.

135 I've been doing

- I've been doing it / for years.
- That's all / I've been doing lately.

느낌 빡!   I've been 패턴

I've been 패턴은 'I've + 과거분사' 패턴의 일부지만 사용 빈도가 워낙 높아 별도 패턴으로 구성했다. 'I've + 과거분사' 패턴의 32.8%에 달한다. 과거부터 시작해서 지금까지 이어지는 상태나 존재를 의미한다. 문법적으로 '현재완료'라고 하는데 우리말에는 이런 시제가 없어서 표현하기가 쉽지 않다. 시간의 경과를 수직선으로 그려가며 설명하는 경우도 있다.

나는 ~해오고 있다

★ 책날개로 왼쪽 페이지를 가린 뒤 영어로 말할 수 있으면 체크! 셀로판 필터를 대면 힌트 단어가 사라집니다.

나는 ~해오고 있다

□ 나 요즘 바빠요.

□ 차가 막혀서 꼼짝 못 하고 있어요 / 30분째. *be stuck in ~에 갇히다, ~에 꼼짝 못 하게 되다

□ 나는 (전부터) 일하고 있어요.

나는 노력해오고 있다

□ 저는 이 실험을 계속 해봤어요 / 몇 번이고.

□ 네게 연락하려고 했어 / 아침 내내. *reach ~에 이르다, 들어가다

나는 해오고 있다

□ 나는 그것을 해오고 있어요 / 몇 년 동안.

□ 그게 전부야 / 내가 최근에 하고 있는.

느낌 빡! 영어의 12시제 외울 필요 없다

우리말에는 과거, 현재, 미래 3가지 시제가 있는데 반해 영어에는 12시제가 있다. 현재, 과거, 미래 3가지, 각각의 진행형 3가지, 각각의 완료형 3가지, 그리고 각각의 완료 진행형 3가지다. 완료 진행형이 바로 여기 나오는 I've been -ing다. 과거에 시작해서 말하는 지금도 계속 진행되고 있다는 의미다. 완료형(Day 13 참고)과 진행형(Day 15 참고)을 단순히 합쳐서 쓰는 것에 불과하다.

I've been trying this

🎧 Dialogue

A Andrew, you look unhappy. What's wrong?

B Hi, Ms. Benson. I've been trying this experiment /
again and again, / but it's not working.

A Why isn't it working?

B I don't know. Maybe I don't have much talent.

A Don't be so hard / on yourself. I believe that /
the path to success is / through analyzing* failure.

느낌 빡! Don't be so hard on yourself

여러분에게 해주고 싶은 말이다. 무리하게 계획을 세워서 못 지키고, 못 지켜서 좌절하고, 좌절
한 뒤에는 뒤처졌다는 생각에 또 무리한 계획을 세우고, 또 못 지키면서 자존감이 점점 낮아진
다. 이 책은 여러분이 충분히 따라올 수 있는 66일 분량과 수준으로 구성했다. 자동으로 복습할
수 있게 설계돼 있으니 욕심내기보다 딱 정해진 만큼만 자신 있게 도전해보자.

이걸 계속 해봤어요

★ 책날개로 왼쪽 페이지를 가린 뒤 영어로 말할 수 있으면 체크! 셀로판 필터를 대면 힌트 단어가 사라집니다.

□ A 앤드류, 기분이 안 좋아 보여요. 뭐가 잘못된 거죠? (무슨 문제 있나요?)

□ B 안녕하세요, 벤슨 씨. 저는 이 실험을 계속 해봤어요 /

　　 몇 번이고, / 그런데 제대로 되지 않아요.

□ A 왜 잘되지 않을까요?

□ B 모르겠어요. 아마도 제가 별로 재능이 없는 것 같아요.

□ A 너무 탓하지 마세요 / 자신을. 전 생각해요(믿어요) / 성공에 이르는 길은 /

　　 실패를 분석하는 것을 통해서라고. *analyzing 검토하는, 분석하는 것

DAY
50

I heard

Q. '엑스포가 곧 시작한다고 들었어요'를 영어로 하면?

⚡ Pattern

136 I heard

- I heard it's a must-do.
- I heard the World Furniture Expo starts / soon.
- I heard the Smith family moved out* / to the countryside.

137 I heard from

- I heard from Jack / that you might drop by.
- I heard from a friend today.

138 I heard about

- I heard about you.
- I heard about that.

느낌 빡! I heard 패턴도 자주 쓰인다

I heard는 의외로 회화책에서 잘 다루지 않는다. 하지만 친구와 대화할 때만 봐도 우린 어디서 들었단 표현을 매우 자주 쓴다.
hear: 소리 자체를 듣다. 예 hearing test: 청각 테스트.
listen to: 라디오, 음악, 강연 등을 주의를 기울여 듣다. 예 listening test: 영어 듣기평가

250

나는 ~을 들었다

★ 책날개로 왼쪽 페이지를 가린 뒤 영어로 말할 수 있으면 체크! 셀로판 필터를 대면 힌트 단어가 사라집니다.

나는 ~을 들었다

□ 그것이 꼭 해야하는 것이라고 들었어요.

□ 세계 가구 박람회가 시작된다고 들었어 / 곧.

□ 스미스 가족이 이사 갔다고 들었어요 / 시골로. *move out 이사를 나가다

나는 ~로부터 들었다

□ 잭한테 들었어 / 네가 들를지도 모른다고.

□ 나는 오늘 친구로부터 소식을 들었다.

나는 ~에 관해 들었다

□ 나는 너에 관해 들었다.

□ 나는 그것에 관해 들었다.

느낌 빡! | I heard from

'누구에게' 들었다거나 '어디서' 들었음을 표현하려면 from을 붙여서 출처를 표기한다. I heard from이라고 표현하면 '누구한테 들었다'는 뜻이다. 비슷한 표현으로 I was told가 있다. 수동태이므로 직역하자면 '나는 누가 말해주는 걸 당했다'는 뜻이다. 'I was told to stay behind after school(학교 끝나고 남으라는 말을 들었다).'과 같이 쓸 수 있다.

I heard the World Furniture Expo starts soon

🎙 Dialogue

A Honey, I think it's time to replace* the kids' beds.

B Right. We should buy a new kitchen table, too.

A I heard the World Furniture Expo starts soon. Should we go there?

B Yeah. That would be a good place / to compare* the quality and prices / of the furniture. When is it?

A It's from September 16th through the 18th. And it's not far / from here.

B Perfect.

느낌 빡! It's time to
....

It's time to는 '~할 시간'을 뜻하는 표현으로, It's 패턴의 하나다. It's time은 '시간이다'란 뜻이다. 여기에 미래의 뉘앙스를 가진 to가 붙었으니, '미래에 일어나야 할 일'과 관련된다. 'It's time to get up.'은 '일어날 시간이다', 'It's time to go.'는 '가야 할 시간이다'라는 뜻이다. 이런 식으로 지금 해야 할 행동을 It's time to 뒤에 붙여서 말해보라.

세계 가구 박람회가 곧 시작된다고 들었어요

★ 책날개로 왼쪽 페이지를 가린 뒤 영어로 말할 수 있으면 체크! 셀로판 필터를 대면 힌트 단어가 사라집니다.

□ A 여보, 아이들의 침대를 바꿀 때가 된 것 같아요. *replace 대신하다, 대체하다

□ B 맞아요. 주방 식탁도 새로 사야 해요.

□ A 세계 가구 박람회가 곧 시작된다고 들었어요. 거기에 갈까요(가야 할까요)?

□ B 네. 그곳이 좋은 장소일 거예요 / 품질과 가격을 비교하기에 / 가구의.

그 박람회가 언제죠? *compare ~를 비교하다, ~비유하다

□ A 9월 16일부터 18일까지예요. 그리고 멀지 않아요 / 여기서.

□ B 잘됐네요. (완벽하네요.)

5회독
체크표 ▶ 1 2 3 4 5

66 동기 부여 100% 강성태 어록 ·······

처음 배우는 내용의 응용문제를 술술 풀어내는 사람이 있는가? 삶도 마찬가지다. 만약 처음부터 잘하는 사람이 있다면 그 전에 철저히 준비해놓은 사람이다. 넘어지는 과정 없이 바로 뛰는 아이는 없다.

······· 99

DAY 51

What + 명사/부사

Q. '우리 어떤 종류의 식탁을 사야 할까?'를 영어로 하면?

⚡ Pattern

139 What kind (of)

- What kind can I use?
- What kind of work experience is required*?
- What kind of table / should we get?

140 What time

- What time is good / for you?
- What time / should I get there?
- What time / do you prefer?

141 What else

- What else do we need to do?
- What else does it say?

느낌 빡!   What kind of + 명사

'What kind of + 명사'는 '명사'가 어떤 종류인지를 물어볼 때 쓴다. 뭘 말하는지 상대가 아는 상황이면 첫 번째 예문처럼 'of + 명사'를 생략해도 된다. 언제 어디서든 쓸 수 있는 말이다. 'What kind of music do you like?(어떤 종류의 음악을 좋아해?)'처럼 뒤에 오는 명사만 바꿔 뭘 좋아하는지 물어볼 수 있다. What kind 대신 What sort, What type으로 물어볼 수도 있다.

254

어떤

★ 책날개로 왼쪽 페이지를 가린 뒤 영어로 말할 수 있으면 체크! 셀로판 필터를 대면 힌트 단어가 사라집니다.

어떤 종류 (~의)

□ 어떤 종류를 사용할 수 있나요?

□ 어떤 종류의 경력이 필요합니까? *require 필요하다, 요구하다

□ 어떤 종류의 테이블을 / 사야 할까요?

몇 시

□ 몇 시가 좋으세요 / 당신은?

□ 몇 시에 / 내가 거기에 가면 될까요?

□ 몇 시가 / 더 좋으세요?

다른 어떤 것

□ 그 밖에 우리가 해야 할 일은 뭔가요?

□ 또 뭐라고 쓰여 있는데요?

느낌 빡!　What time is it now?

영어 초보자들이 종종 'What time is it now?'라고 할 때 what time 대신 when을 쓰기도 하는데, 이는 틀렸다. when은 '언제'라는 의미이지만 시간이나 분 단위의 구체적 시점을 가리키지 않기 때문이다. 예를 들어 'When were you born?(언제 태어났니?)'은 태어난 연도나 날짜를 묻고, 'What time were you born?'은 태어난 시간을 묻는 것이다.

What kind of table should we get?

🎧 Dialogue

A Hey, Linda. Did you find a website / that sells picnic tables?

B Yeah, come over* here. Here's one / that has some.

A Wow! They have a good selection. What kind of table should we get?

B I think a square one is better / than a round one.

A Hmm. But I think a round one would be safer / for the children.

B That's a good point. I didn't think of that.

느낌 빡! find와 look for의 차이

find는 '결과'의 의미로 주로 사용되고 look for는 '진행'의 의미로 사용된다. 일자리를 구하는 중일 때는 'I'm looking for a new job.'이라고 해야지, 'I'm finding a new job.'은 어색하다. '새 일자리를 찾았어요'는 'I found a new job.'이라고 해야 한다. 'I looked for a new job.'은 일자리를 찾았다는 게 아니라 찾는 시도만 해봤다는 의미다.

어떤 식탁을 사야 할까?

★ 책날개로 왼쪽 페이지를 가린 뒤 영어로 말할 수 있으면 체크! 셀로판 필터를 대면 힌트 단어가 사라집니다.

☐ A 이봐, 린다. 웹사이트를 찾았니 / 피크닉용 식탁을 파는?

　　*come over 들르다

☐ B 응, 이쪽으로 와봐. 여기 하나 있어 / 몇 가지를 파는 곳이.

☐ A 와! 선택할 수 있는 것이 많이 있네. 어떤 식탁을 사야 할까?

☐ B 정사각형 모양의 것이 더 좋은 것 같은데 / 둥근 것보다.

☐ A 흠. 하지만 난 둥근 것이 더 안전할 것 같아 / 아이들에게.

☐ B 좋은 지적이야. 그건 생각하지 못했어.

I'm going to

Q. '따뜻한 차 한 잔을 마셔야겠어요'를 영어로 하면?

⚡ Pattern

142   I'm going to + 장소

- I'm going to church.
- I'm going to school / today.

143   I'm going to + 동사

- I'm going to stop by* the mall / to get something.
- I'm going to come up here often.
- I'm going to get a cup of hot tea.

144   I was going to + 동사

- I was going to call you / after school.
- I was going to make chicken curry / for dinner.

느낌 빡!   미래 시제인 be going to

be going to는 will과 함께 대표적인 미래 시제 표현이다. 사실 be going to는 원래 미래가 아닌 현재 진행형이었다. be going은 '~하러 가는 중'이란 의미다. 여기에 미래의 의미가 있는 to를 붙인 것이다(영문법 #3 참고). '~하러 간다'는 것은 결국 그것을 하겠다는 뜻, 즉 미래 표현이다. 이 표현을 하도 많이 쓰다 보니 미래 시제를 나타내는 문법으로 자리 잡은 것이다.

나는 ~에 갈 것이다/~할 것이다

★ 책날개로 왼쪽 페이지를 가린 뒤 영어로 말할 수 있으면 체크! 셀로판 필터를 대면 힌트 단어가 사라집니다.

나는 ~에 갈 것이다

□ 나는 교회에 갈 거예요/나는 교회에 가는 중이에요.

□ 나는 학교에 갈 거예요 / 오늘.

나는 ~할 것이다

□ 쇼핑몰에 들를 거예요 / 뭐 좀 사러. *stop by 가는 길에 들르다

□ 여기 자주 올라올 거예요.

□ 나는 따뜻한 차 한 잔을 마실 거예요.

나는 ~할 예정이었다

□ 전화하려던 참이었어요 / 방과 후에.

□ 나는 치킨 카레를 만들려고 했어요 / 저녁으로.

느낌 빡! will과 be going to의 차이

will과 be going to는 서로 비슷하지만 뉘앙스가 좀 다르다. will은 원래 '의지'라는 뜻의 단어였기 때문에 본인의 의지와 관련된 미래를 주로 나타내지만, be going to는 개인의 의지보다는 계획된 미래, 비교적 확실한 미래를 의미하는 경우가 많다.

I'm going to visit my parents. → 부모님을 뵈러 갈 계획이 잡혀 있는 상태
I'll have two medium coffees. → 중간 크기의 커피 두 잔을 주문하겠다는 결심이나 의지

DAY 52

I'm going to get a cup of hot tea

🌀 Dialogue

A I'm sorry. Could we take a quick break? I'm just not getting it right*.

B What's the matter?

A I don't know, but I do have a sore throat*.

B Maybe you need something / to drink. We've been practicing / for over an hour.

A I'm going to get a cup of hot tea. Maybe that'll help.

B While you're doing that, / I'm going to play through* that last song / again.

느낌 빡!　sore과 sick은 다르다! 아픔을 나타내는 형용사 총정리

아픈 것도 종류가 여러가지다. 상처가 났을 수도 있고 몸살이 났을 수도 있다. sore는 몸의 특정 부위에 염증이 생기거나 몸이 따가운 상태다. painful은 따갑다기보다는 고통스러운 상태다. sick은 감기나 몸살 등 몸이 전반적으로 안 좋을 때나 병이 들었을 때에 해당한다. ill은 sick보다 진지한 느낌으로 상황이 나쁘거나 길게 아플 때 쓴다.

따뜻한 차 한 잔을 마셔야겠어요

★ 책날개로 왼쪽 페이지를 가린 뒤 영어로 말할 수 있으면 체크! 셀로판 필터를 대면 힌트 단어가 사라집니다.

□ A 죄송해요. 잠깐 쉴까요? 내가 제대로 못 맞추고 있어요.

　　　*get right 바르게 하다, 반듯하게 하다

□ B 무슨 일이죠?

□ A 잘 모르겠는데, 목이 아파요. *have a sore throat 목이 아프다(따갑다)

□ B 뭔가 필요할지도 몰라요 / 마실 것이. 우린 연습했으니까요 /

　　　한 시간 넘게.

□ A 따뜻한 차 한 잔을 마셔야겠어요. 아마도 그게 도움이 될 것 같아요.

□ B 당신이 그렇게 하는 동안, / 나는 마지막 곡을 연습하고 있을게요 /

　　　다시. *play through (음악)을 끝까지 계속 연주하다, (스포츠에서) 계속 승리하다

DAY 53

Which

Q. 어떤 것을 선택할 것인지 물을 때 쓸 수 있는 영어 표현은?

⚡ Pattern

145 Which

- Which do you prefer, one or two pockets?
- Which do you want? The smaller one?

146 Which one

- Which one?
- Which one are you going to buy?
- Which one would you choose*?

147 Which + 명사

- Which size would you like?
- Which sports do your kids like?

느낌 빡! which는 정해진 선택지 중에서 고를 때 쓴다

which는 what과 비교하면 이해하기 쉽다. 'What do you want to eat?'과 'Which do you want to eat?'은 쓰이는 상황이 조금 다르다. 둘 다 뭘 먹을지 묻고 있지만, what은 특별히 정해진 바가 없는 상황인 반면, which는 짬뽕과 짜장면 중에 골라야 하는 상황처럼 정해진 선택지에서 골라야 하는 때에 쓰인다. 선택지가 좁혀진 상황에서 사용되니 what 대비 which의 사용 빈도는 12% 수준에 그친다.

어떤/어떤 것

★ 책날개로 왼쪽 페이지를 가린 뒤 영어로 말할 수 있으면 체크! 셀로판 필터를 대면 힌트 단어가 사라집니다.

어떤/어떤 것

☐ 주머니 한 개가 좋으세요, 주머니 두 개가 좋으세요?

☐ 당신은 어떤 걸 원하나요? 작은 것이요?

어떤 것

☐ 어느 것이요?

☐ 어떤 것을 살 건가요?

☐ 당신은 어떤 것을 선택하겠습니까? *choose 선택하다, ~하기를 원하다

어떤 + 명사

☐ 어떤 사이즈를 원하십니까?

☐ 당신의 아이들이 어떤 스포츠를 좋아하나요?

느낌 빡! 강성태가 좋니? 개구리가 좋니?

which는 단독으로 쓸 수 있지만, which one을 포함하여 which direction(어떤 방향), which team(어떤 팀)처럼 명사를 붙여 좀 더 구체적으로 물어볼 수 있다. 'Which do you like, A or B?'는 무엇을 선호하는지 부담 없이 물어볼 수 있는 표현이다. A, B만 채워 지금 옆 사람에게 한 번 물어보라. 영어가 좋은지 중국어가 좋은지, 강성태가 좋은지 개구리가 좋은지.

Which one would you choose?

🌀 Dialogue

A If you could visit any country / in the world, / which one would you choose?

B Why do you ask?

A I came in first place / on a quiz show. The prize is a round-trip* airplane ticket / to any destination.

B Congratulations! That's great news. What would you like to do / on your trip*?

A I'd like to relax / on a beach.

B Well, you'll have to do some research.

느낌 빡! trip을 쓸 때 조심하자

round-trip은 '왕복 여행'을 뜻한다. 항공권을 살 때 본 적이 있을 것이다. one-way trip은 '편도 여행'을 의미한다. trip은 '여행'이란 뜻이지만, 'I tripped a lot.'처럼 trip이 동사로 사용되면 '걸려 넘어졌다'라는 뜻이 된다. 잘 모르고 쓰면, 여행을 많이 다녔다고 말하고 싶은데 많이 자빠졌단 소리를 하게 되는 것이다.

어떤 것을 선택할 거야?

★ 책날개로 왼쪽 페이지를 가린 뒤 영어로 말할 수 있으면 체크! 셀로판 필터를 대면 힌트 단어가 사라집니다.

☐ A 만약 네가 어느 나라든 방문할 수 있다면 / 세계에서, / 어떤 것을 선택할
　　거야?

☐ B 왜 물어?

☐ A 내가 1등을 했어 / 퀴즈쇼에서. 상품은 왕복 항공권이야 / 어느
　　목적지로든 향하는. *round-trip 왕복 여행의

☐ B 축하해! 그거 좋은 소식이네. 너는 뭘 하고 싶어 / 여행에서?

　　*on your trip 여행하는 동안

☐ A 쉬고 싶어 / 해변에서.

☐ B 그럼, 조사를 좀 해봐야겠네.

5회독 체크표 ▶ 1 2 3 4 5

66 동기 부여 100% **강성태 어록** ⋯⋯⋯⋯⋯⋯⋯⋯⋯⋯⋯⋯⋯⋯⋯⋯⋯⋯⋯⋯⋯⋯⋯⋯⋯⋯⋯⋯

　　시간은 살 수도 빌릴 수도 없고 '일시정지' 해놓을 수도 훔칠 수도 가격을 매길 수도 없다.
　　세상에 이보다 귀한 것이 없다.

99

DAY 54

Is that

Q. '왜 그러는데?'라고 이유를 물을 때 쓸 수 있는 영어 표현은?

⚡ Pattern

148 Is that

- Is that all?
- Is that okay?
- Is that true?

149 의문사 + is that

- Why is that?
- Where is that noise coming from*?
- What is that?

150 Is that + 의문사

- Is that what you want?
- Is that why everyone is wearing helmets?

느낌 빡! OK의 어원

OK는 '괜찮아, 좋아'라는 의미로 동의, 승인을 나타낸다. 어원은 '모두 맞다'라는 뜻의 all correct로, 여기서 앞글자 소리만 가져온 것으로 추정된다. 영어에서는 줄임말을 대문자로 쓰므로 OK가 되는데, 예문의 okay는 이를 소리가 나는 대로 풀어쓴 것이다. 원어민들은 이메일이나 채팅에서 대문자를 쓰면 소리를 지를 정도로 화가 난 것으로 받아들이니 문장 전체를 대문자로 쓰는 일은 매우 조심해야 한다.

그것은 ~야?

★ 책날개로 왼쪽 페이지를 가린 뒤 영어로 말할 수 있으면 체크! 셀로판 필터를 대면 힌트 단어가 사라집니다.

그것은 ~야?

- □ 그게 다야?
- □ 괜찮으세요?
- □ 그게 사실인가요?

그것은 무엇이야?/왜 그런 거야?

- □ 왜 그런 것일까요?
- □ 저 소음은 어디서 나는 거야? *come from ~의 출신이다, ~에서 생겨나다
- □ 저게 뭐야?

그것은 ~한 거야?/그래서 ~한 거야?

- □ 그게 네가 원하는 거니?
- □ 그래서 모두가 헬멧을 쓰고 있는 거야?

느낌 빡! 〈A Star Is Born〉의 OST도 함께 듣자.

Is that 패턴이 들어간 팝송으로 레이디 가가가 부른 〈Is That Alright?〉을 추천한다. 브래들리 쿠퍼와 레이디 가가가 주연을 맡은 영화 〈A Star Is Born〉의 OST로, 영화도 함께 보면 더욱 좋다. 무려 관람객 평점 9.15점, 전문가 평점 7.43점을 받은 영화다. 노래가 좋아 직접 불러주고 싶지만 음치라 참겠다. 정 듣고 싶으면 나의 팩폭랩 〈힘들지?〉를 들어보라. 잠이 달아날 것이다.

Why is that?

🌀 Dialogue

A Honey, I heard the Smith family moved out / to the countryside. I'm so jealous.

B Really? Why is that?

A I think we can be healthier / if we live in the country.

B Hmm, can you be more specific?

A The air in the city is so polluted*. It's much cleaner / in the country.

B You have a point*. There are way fewer cars / in the countryside.

느낌 빡! a little vs. little 그리고 a few vs. few

셀 수 없을 때: a little(조금 있는) – little(거의 없는)
셀 수 있을 때: a few(조금 있는) – few(거의 없는)
위 표현은 시험에도 자주 나오지만 헷갈리기 쉽다. 그렇다면 톰 크루즈 주연의 〈A Few Good Men〉이라는 영화 제목을 기억하길 바란다. man은 셀 수 있는 명사로, 복수형은 men이고, 따라서 a few를 쓴 것이다.

왜 그래요?

★ 책날개로 왼쪽 페이지를 가린 뒤 영어로 말할 수 있으면 체크! 셀로판 필터를 대면 힌트 단어가 사라집니다.

☐ A 여보, 스미스 가족이 이사 갔다고 들었어요 / 시골로. 정말 부러워요.

☐ B 정말요? 왜요?

☐ A 우리가 더 건강하게 지낼 수 있을 것 같아요 / 시골에 산다면.

☐ B 음, 좀 더 구체적으로 말해보겠어요?

☐ A 도시의 공기는 매우 오염되었어요. 훨씬 깨끗해요 / 시골이.

　　　*polluted 오염된, 타락한

☐ B 일리가 있어요. 차가 훨씬 적으니까요 / 시골에는.

　　　*have a point 일리 있다, 장점이 있다

5회독 체크표 ▶ 1 2 3 4 5

❝ 동기 부여 100% 강성태 어록 ⋯⋯⋯⋯⋯⋯⋯⋯⋯⋯⋯⋯⋯⋯⋯⋯⋯⋯⋯⋯⋯⋯

　사실 걱정한다고 나아지는 것은 없다.

❞

3가지만 알면 긴 문장도 말할 수 있다!
#전치사구 #준동사구 #관계사절

 뭐가 문제야 say something ♪

영어는 '주어+동사'에 해당하는 결론을 먼저 뱉고, 그 뒤에 배경 설명을 하나씩 덧붙여 나간다('영어회화의 제1원리' 참고). 단 3가지 방법만 알면 배경을 자유자재로 붙여 끝도 없이 길게 말할 수 있다. 길게 말하는 원리는 영문법에 해당되며 긴 문장을 독해하는 원리와 완전히 동일하다. 기본 회화를 위해서라면 세부 문법까지 알 필요가 없겠지만, 더 알고 싶다면 『강성태 영문법 필수편』이나 『강성태 영어독해 속독편』을 참고해도 좋다.

 외울 필요 없잖아 Don't worry ♪

긴 문장을 만들 때 활용하는 3가지 방법의 특징은 아래 표로 정리될 수 있다.

	전치사구 (in, of, to 등)	준동사구 (to 부정사, 분사, 동명사)	관계사절 (관계대명사, 관계부사)
주어	X	X	O (생략되기도 함)
동사	X	O	O

앞의 표에서 알 수 있듯, 주어와 동사 둘 다 있는 경우만 '절'이다. '구'는 주어 없이 둘 이상의 단어가 모여서 된다.

A : I'm going to play football.

A : I'm going to play football / in the park.

A : I'm going to play football / in the park / with my friends.

B : There's water.

B : There's water / leaking from the pipe.

C : Did you find a website?

C : Did you find a website / that sells picnic tables?

A는 전치사구를 통해 문장이 길어지는 예다. 'in 전치사구'를 붙이고 그 뒤에 'with 전치사구'를 추가해 더 구체적으로 말하고 있다.

B는 준동사구의 예다. 준동사는 동사에 준한다는 뜻이다. 동명사와 to 부정사, 분사는 원래 동사였기에 준동사에 해당된다(영문법 #2, #3 참고). 이 문장의 경우 현재분사로 설명을 덧붙이면서 더 길게 말하고 있다.

C의 관계사절은 관계대명사가 쓰인 것이다. 주어 대신 대명사의 일종인 관계대명사 that을 써서 더 자세히 말하고 있다.

Day
56-66

You should/must

Q. '우리는 집에 있어야 했어'를 영어로 하면?

⚡ Pattern

151 You should/must

- You should choose a more level-appropriate English book.
- You must exercise / regularly.

152 You should/must be

- You should be fine / in a few days.
- You must be Mr. Smith, / one of the new interns, / right?

153 You should/must have + 과거분사

- You should have been here / an hour ago.
- You must have been astonished*.

느낌 빡! should와 must의 뉘앙스 차이

둘 다 '~해야 한다'는 뜻이지만 뉘앙스는 다르다. must는 더 강하게 해야 한다는 느낌이지만, should는 해야 한다고 제안하는 느낌이다. must를 잘못 쓰면 상대가 반감을 보일 수도 있다. 일상 대화에서 must의 빈도가 should의 29.8%의 비율에 그치는 이유다. 한편 이 둘은 '~임에 틀림없다'는 의미로도 사용된다. 이때도 must가 더 강한 표현이다.

너는 ~해야 한다/틀림없다

★ 책날개로 왼쪽 페이지를 가린 뒤 영어로 말할 수 있으면 체크! 셀로판 필터를 대면 힌트 단어가 사라집니다.

너는 ~해야 한다

☐ 당신은 좀 더 수준에 맞는 영어책을 선택해야 합니다.

☐ 당신은 운동해야 합니다 / 규칙적으로.

너는 ~임에 틀림없다

☐ 괜찮아질 거야 / 며칠 후면.

☐ 당신이 스미스 씨인가 봐요, / 새 인턴 중 한 명인, / 맞죠?

너는 ~했어야 했다/~했음에 틀림없다

☐ 넌 여기 왔어야 했어 / 한 시간 전에.

☐ 너 깜짝 놀랐겠다. *astonish 깜짝 놀라게 하다

느낌 빡! 'should have + 과거분사' 안 외워도 된다!

조동사를 과거형으로 쓰면 과거의 의미가 아닌 확신이 약한 표현이 된다(Day 14 참고). 그렇다면 이렇게 쓰인 조동사를 과거의 의미로 말하려면 어떻게 해야 할까? 이미 과거 형태를 또 과거형으로 바꿀 순 없다. 대신 조동사 다음에 오는 동사원형을 완료 시제로 바꿔준다. 즉 'should have + 과거분사'는 'should + 동사원형'의 과거형이다. should는 '해야 한다'는 뜻이니 'should have + 과거분사'는 '했어야 했다', 결국 안 했다는 의미가 된다.

We should have stayed at home

🎙 Dialogue

A You promised not to bring any work / with you.

B I know, / but my boss gave me an assignment / at the last minute*.

A Why didn't you tell him / you couldn't do it? You could have at least told him / that you'd do it after you get back*.

B I'm sorry, honey, but I really need to finish this.

A We should have stayed / at home / instead of spending so much money / for this trip.

느낌 빡! should/could/would/must have + 과거분사

조동사의 과거형은 상당히 빈번히 쓰이는데, 과거의 의미로 사용하려면 앞서 말했듯 뒤에 오는 동사가 완료형이 되어야 한다. 진짜 영문법은 외울 것을 줄여준다.
should stay(머물러야 한다) – should have stayed(머물렀어야 했다)
could tell(말할 수 있을 것이다) – could have told(말할 수 있었을 것이다)

우리는 집에 있어야 했어요

★ 책날개로 왼쪽 페이지를 가린 뒤 영어로 말할 수 있으면 체크! 셀로판 필터를 대면 힌트 단어가 사라집니다.

☐ A 일거리를 가져오지 않겠다고 약속했잖아요 / 당신과 함께.

☐ B 알아요, / 하지만 상사가 나에게 임무를 줬어요 / 막판에.

　　　*at the last minute 마지막 순간에, 임박해서

☐ A 왜 당신은 그에게 말하지 않았나요 / 그것을 할 수 없다고? 적어도
　　　말할 수 있었잖아요 / 당신이 돌아와서 그것을 하겠다고.

　　　*get back (집에) 돌아오다

☐ B 미안하지만, 여보, 난 이걸 정말 끝내야 해요.

☐ A 우리는 있어야 했어요 / 집에 / 그렇게 많은 돈을 쓰는 대신에 /
　　　이번 여행을 위해.

5회독 체크표 ▶	1	2	3	4	5

66 동기 부여 100% 강성태 어록 ·······

　　똑같은 과제를 주면서 A팀에는 그것을 일로, B팀에는 게임으로 설명했다. A팀은 지루해했
　　고 B팀은 훨씬 재밌게 과제를 수행했다. 지금 공부하는 영어회화는 일인가, 게임인가? 생
　　각하기 나름이다.

·······　　　99

DAY 57

You've + 과거분사

Q. '시간은 충분해'를 영어로 하면?

🔋 Pattern

154 You've + 과거분사

- You've already bought five books.
- As you've already learned, / it's operated by the computerized* system.

155 You've been

- You've been at the top / of your class / for three years.
- You've been very busy / these days.

156 You've got

- You've got plenty of time.
- You've got to understand her.

느낌 빡! You've got to understand her

'You've + 과거분사'는 현재완료의 구조인데, 이 문장은 완료형이 아닌 have to와 마찬가지로 '~해야 한다'는 뜻이다. 원어민들은 구어체에서 have 뒤에 별 의미 없이 got을 붙여 쓴다. have got to는 have to와 같은 의미로 have를 생략해 got to로 말하기도 한다. 더 나아가 got to를 gotta로 쓰기도 한다. 이는 문법적으로 틀리지만 일상에서 굉장히 자주 쓴다.

너는 ~했다/~해왔다

★ 책날개로 왼쪽 페이지를 가린 뒤 영어로 말할 수 있으면 체크! 셀로판 필터를 대면 힌트 단어가 사라집니다.

너는 ~했다/~해왔다

☐ 당신은 벌써 책을 다섯 권이나 샀군요.

☐ 당신이 이미 배웠듯이, / 그것은 컴퓨터 시스템에 의해 작동됩니다.

*computerized 컴퓨터화된

너는 ~하고 있다

☐ 당신은 일등을 했어요 / 당신 반에서 / 3년 동안.

☐ 당신은 많이 바쁘시군요 / 요즘에.

너는 ~가 있다/너는 ~해야 한다

☐ 시간은 많이 남았어.

☐ 넌 그녀를 이해해야 해.

느낌 빡! 수동태도 외울 게 없다!

'It's operated by the computerized system.'은 문법적으로 수동태 문장이다. operated는 과거분사로 수동의 뜻을 지닌 형용사다(영문법 #2 참고). It's 뒤에 형용사인 operated가 온 것 뿐이다. 이 문장은 'It's good.'과 구조가 같다. be 동사에 형용사인 과거분사를 써준 것. 이게 수동태에 관한 문법의 전부다. 문법은 이해하면 외울 게 거의 없다.

We've got plenty of time

🎤 Dialogue

A We've got three hours / before the tour bus leaves.
What do you want to do?

B How about taking a boat ride / around the lake?

A I don't think we have enough time.

B Sure we do. The next boat leaves / in thirty minutes.
And the sign says / the trip lasts an hour and a half.

A We've got plenty of* time then. Let's do it.

느낌 빡! '출발하다' 를 영어로 말하면?

'출발하다'라고 하면 start 혹은 begin을 떠올리기 쉽지만, 이 단어들을 쓸 때 실수하기도 쉽다. '집을 나서다'를 start my house라고 하면 옳지 않다. 대화문처럼 '떠나다'라는 의미를 포함한 leave를 써야 한다. leave는 교통수단이나 사람이 출발할 때 다 쓸 수 있다. depart도 '출발하다'라는 뜻으로 교통수단에 주로 쓰인다. 한편 공항 출국장은 depart의 명사형인 departures 로 표기한다.

시간은 많이 남았어

★ 책날개로 왼쪽 페이지를 가린 뒤 영어로 말할 수 있으면 체크! 셀로판 필터를 대면 힌트 단어가 사라집니다.

☐ A 3시간 남았어 / 관광버스가 출발하기 전까지. 뭘 하고 싶어?

☐ B 배를 타는 건 어때 / 호수 주위를?

☐ A 시간이 충분하지 않은 것 같아.

☐ B 물론 우리는 시간이 충분해. 다음 보트는 떠나 / 30분 후에. 그리고
　　　표지판에는 쓰여 있어 / 여행이 1시간 30분 동안 지속된다고.

☐ A 그럼 시간은 많이 남았네. 그렇게 하자. *plenty of 많은

Do I

Q. 내가 무언가를 반드시 해야 하는지를 확인할 때 쓸 수 있는 영어 표현은?

⚡ Pattern

157 의문사 + do I

- How do I get there?
- How do I look?
- What do I do?

158 Do I have to + 동사

- Do I have to pay late fees as well?
- Do I have to visit your office?
- Do I have to buy a textbook?

159 Do I need (to + 동사)

- Do I need to do that?
- Do I need a prescription* / for it?

느낌 빡! visit의 어원

'방문하다'란 뜻의 visit의 어원은 '보다'는 의미의 vid/vis다. 원래 '보러' 간다는 뜻이었다. 해
외에 방문할 때 '보여'줘야 하는 게 visa 비자다. visual(비주얼)이란 '보여지는' 것을 뜻한다.
vision(비전)은 '볼 수' 있는 능력, 시력이나 시야를 뜻한다. 동영상은 '볼 수' 있기 때문에 video
다. advise의 ad는 '방향'을 뜻하는 어원이니까 나아갈 방향을 '보여준다', 즉 조언을 뜻한다. 이
제 칸이 없다. 더 알고 싶으면 강성태 영단어 강의를 참고해보자.

내가 ~하니?

★ 책날개로 왼쪽 페이지를 가린 뒤 영어로 말할 수 있으면 체크! 셀로판 필터를 대면 힌트 단어가 사라집니다.

내가 무엇을/어떻게/왜 ~하니?

□ 거기에 어떻게 가죠?

□ 나 어때 보여?

□ 어떻게 하죠?

내가 ~해야 하니?

□ 연체료도 내야 하나요?

□ 제가 당신 사무실을 방문해야 하나요?

□ 교과서를 사야 합니까?

내가 필요로 하니? (~하기를)

□ 꼭 그렇게 해야 하나요?

□ 처방전이 필요합니까 / 그것을 위한? *prescription 처방전

느낌 빡! also, too, as well의 차이

also, too, as well 모두 '~도'라는 뜻이지만 차이가 있다. 일단 also는 문장의 중간이나 맨 앞에 주로 나오고 too와 as well은 주로 문장의 뒤편에 나온다. 또한 also는 주로 문어체에, too와 as well은 구어체에 쓰는데, as well이 too보다는 격식을 차린 어감이다. 한편 as well은 주어와 동사가 있는 완벽한 문장에서 주로 사용되기에 'Me too.'와 달리 'Me as well.'은 어색하다.

Do I need to do that?

🌀 Dialogue

A Have you practiced answering any interview questions?

B Yeah, just some common ones.

A And you researched the company, didn't you?

B Researched the company? Do I need to do that?

A Absolutely! It's important / to find out* / as much information as you can.

B Well, I know that the company is well known / for* advertising.

느낌 빡! '당연하지' 라고 말할 때 쓰는 여러 가지 표현

Of course: course가 '경로'라는 뜻이니, 예정된 경로와 순서대로 진행된다는 의미, 즉 맞다는 뜻이다.
Absolutely: absolute가 '절대적인'이란 뜻이니 100% 확신한다는 뜻이다.
Certainly: '확실한'이란 뜻의 certain의 부사형이다.
Sure: 확실하다는 의미다.

꼭 그렇게 해야 하나요?

★ 책날개로 왼쪽 페이지를 가린 뒤 영어로 말할 수 있으면 체크! 셀로판 필터를 대면 힌트 단어가 사라집니다.

☐ A 면접 시험 질문에 답변하는 연습을 했어요?

☐ B 네, 몇 가지 흔한 질문에 관해서만요.

☐ A 그리고 그 회사에 관해서 조사를 했겠죠, 그렇죠?

☐ B 회사에 관해서 조사를 했냐고요? 꼭 그렇게 해야 하나요?

☐ A 당연하죠! 중요해요 / 알아내는 게 / 가능한 한 많은 정보를.

　　　*find out 발견하다, 생각해내다, ~임을 알아내다

☐ B 음, 나는 그 회사가 잘 알려져 있다는 것을 알아요 / 광고로.

　　　*be well known for ~로 잘 알려져 있다

I wish

Q. 가고 싶었는데 가지 못해서 유감이라는 말을 영어로 하면?

⚡ Pattern

160 I wish you

- I wish you luck* / in the contest.
- I wish you a Merry Christmas!

161 I wish + 주어 + 과거 동사

- I wish my mom and dad were here / tonight.
- I wish I could go.
- I wish I could work / in a place / like that.

162 I wish + 주어 + could've + 과거분사

- I wish I could've gone.
- I wish you could've told me.

느낌 빡! 'I wish + 명사'와 'I wish + 절'은 의미가 다르다!

I wish는 뒤에 나오는 요소에 따라 의미가 달라진다. 명사인 목적어가 오면 I'd like처럼 want 의 부드럽고 정중한 표현이 된다. 캐롤송 〈We Wish You a Merry Christmas〉는 즐거운 성탄 절을 기원한다는 뜻이다. 반면 I wish 뒤에 주어와 과거 동사로 이뤄진 문장(절)이 오면 주로 실현 불가능한 상황에 관한 바람을 뜻한다.

나는 바란다

★ 책날개로 왼쪽 페이지를 가린 뒤 영어로 말할 수 있으면 체크! 셀로판 필터를 대면 힌트 단어가 사라집니다.

나는 네가 ~하길 바란다

☐ 행운을 빕니다 / 경연 대회에서. *luck 행운, 운명

☐ 즐거운 크리스마스 보내시길 바라요!

~하면 좋을 텐데

☐ 엄마와 아빠가 여기 계셨으면 좋을 텐데 / 오늘 밤.

☐ 갈 수 있으면 좋을 텐데.

☐ 일할 수 있으면 좋을 텐데 / 장소에서 / 그런.

~했었으면 좋았을 텐데

☐ 갔었으면 좋았을 텐데.

☐ 네가 나한테 말할 수 있었으면 좋았을 텐데.

느낌 빡! '~였으면 좋았을 텐데(가정법)', 외울 필요 없다!

'I wish+주어+과거동사'의 '과거 동사'는 과거 의미가 아닌 약한 확신(추측이나 가정)을 표현한다(Day 14 참고). 그럼 이것의 과거는 어떻게 표현할까? 이미 동사가 과거 형태라서 그 자체를 과거로 또 바꿀 수 없으니 대신 완료형을 써서 표현한다(Day 56 참고). 'I wish I could've gone.'은 'I wish I could go.'의 과거 의미다. 사실 이게 가정법의 전부나 다름없다. 필요하면 강성태 영문법 강의도 참고 바란다.

I wish I could've gone

🙂 Dialogue

A Alice, why didn't you come / to the music festival / yesterday?

B I was busy / doing my homework. I wish I could've gone. How was it?

A It was great! My favorite band signed my ticket.

B Wow! Can I see it?

A Sure. It's in my wallet···. Wait! My wallet! It's gone!

B Really? Look in* your coat pockets. Maybe it's there.

느낌 빡! sign은 사인이 아니다!

대화문에서 sign은 '서명하다'라는 뜻의 동사로 쓰였다. 그런데 명사일 때 sign은 서명이 아닌 '신호, 기호'를 뜻한다. 'Can I have your sign?'이라고 하면 '당신의 신호를 얻을 수 있냐?'는 의미다. '사인 좀 해주시겠어요?'의 뜻이 아니다. 유명인의 사인은 autograph라고 한다. 또 계약서 등의 서명은 sign의 명사형인 signature를 쓴다.

갔었으면 좋았을 텐데

★ 책날개로 왼쪽 페이지를 가린 뒤 영어로 말할 수 있으면 체크! 셀로판 필터를 대면 힌트 단어가 사라집니다.

☐ A   앨리스, 왜 오지 않았니 / 음악 페스티벌에 / 어제?

☐ B   바빴어 / 숙제를 하느라고. 갔었으면 좋았을 텐데. 페스티벌은 어땠니?

☐ A   멋졌어! 내가 제일 좋아하는 밴드가 내 입장권에 사인을 해주었어.

☐ B   와! 그것을 내가 볼 수 있을까?

☐ A   물론이지. 내 지갑 속에 있어…. 잠깐만! 내 지갑! 없어졌어!

☐ B   정말? 코트 주머니를 확인해 봐. 아마 거기에 있을 거야.

      *look in 들여다보다, 조사, 검토

5회독
체크표 ▶   1   2   3   4   5

DAY 60

How's

Q. 지인에게 반가움의 의미를 담아 안부를 물을 때 쓰는 영어 표현은?

⚡ Pattern

163 How's your

- How's your food?
- How's your new position?

164 How's ~ going

- How's it going?
- How's your project going?
- How's the plan for* your trip going?

165 How was

- How was the board meeting?
- How was it?
- How was your day?

느낌 빡! How's vs. How about

How's와 앞서 살펴봤던 How about 둘 다 우리말로 해석하면 '~는 어때?'다. 그럼 둘의 차이는 무엇일까? How's는 주로 상태를 묻는 표현이다. 사람에게라면 근황이나 건강을 묻는 것이 된다. 반면 How about은 보통 제안이나 권유를 할 때 쓰는 표현이다.

~은 어때?

★ 책날개로 왼쪽 페이지를 가린 뒤 영어로 말할 수 있으면 체크! 셀로판 필터를 대면 힌트 단어가 사라집니다.

너의 ~은 어때?

□ 음식은 어때?

□ 새 직책은 어때요?

~은 어떻게 돼가고 있어?

□ 어떻게 지내요?/어떻게 돼가요?

□ 프로젝트는 잘돼가니?

□ 여행 계획은 어떻게 돼가나요? *plan for ~을 위한 계획

~은 어땠니?

□ 이사 회의는 어땠어요?

□ 어땠어?

□ 오늘 하루는 어땠어요?

느낌 빡!   안부를 묻는 How's it going?

'How's it going?'은 '어떻게 되어가느냐, 혹은 어떻게 지내냐'는 의미이기에 안부를 묻는 인사말로 사용될 수 있다. 그래서 '안녕'에 해당하는 'How are you?' 'How are you doing?'을 대체할 수 있는 것이다. How's를 써서 'How's everything?'이라고 해도 된다. 직역하면 '당신의 모든 것들이 어떠세요?'라는 의미로 안부를 묻는 것이다.

How's it going?

🎧 Dialogue

A Hi, how's it going? I haven't seen your son Derek /
for a while. Is he okay?

B Yeah, he seems okay, but he doesn't talk with me /
like he used to.

A Well, that's a sign of growing up*.

B That's true, but my concern is that he only stays / in
his room / after he comes home.

A Does he hang out / with his friends?

B Not very often these days. Hmm, maybe once
every other week.

느낌 빡! 격일, 격주, 격월은 어떻게 말할까?

'격주'라는 말은 every other week 혹은 every two weeks라고 표현한다. week 대신 month
나 day로 바꿔주면 '격월' '격일'이라는 표현도 가능하다. maybe는 probably와 마찬가지로
'아마'라는 의미인데, 사실 똑같은 의미는 아니다. probably는 maybe보다 좀 더 확신이 있는
표현이다. maybe와 probably는 각각 확률이 절반 이하, 절반 이상 정도로 생각하면 되겠다.

어떻게 지내니?

★ 책날개로 왼쪽 페이지를 가린 뒤 영어로 말할 수 있으면 체크! 셀로판 필터를 대면 힌트 단어가 사라집니다.

☐ A 안녕, 어떻게 지내니? 네 아들 데릭을 보지 못했어 / 한동안.
그는 잘 지내니?

☐ B 응, 괜찮은 것 같아. 하지만 그는 나와 얘기하지 않아 / 예전 같이.

☐ A 그럼 그것은 그가 성장하고 있다는 신호네. *grow up 성장하다, 철이 들다

☐ B 맞아, 하지만 내 걱정은 그가 그저 있다는 거야 / 자기 방에 / 집에 돌아와
서는.

☐ A 친하게 지내니 / 자기 친구들과는?

☐ B 요즘은 그리 자주는 아니야. 흠, 아마도 2주에 한 번 정도.

66 동기 부여 100% 강성태 어록 ···

드디어 60일! 90%나 왔다. 여기까지 오다니 정말 깨물어주고 싶게 기특하다고 칭찬하고 싶
다. 잔소리도 하나 남기겠다. 행백리자반구십. 백 리를 가려 한다면 구십 리를 절반으로 여
기라는 말이다.

·· 99

Didn't you

Q. '일기예보 못 들었니?'를 영어로 하면?

⚡ Pattern

166 Didn't you

- Didn't you hear the weather forecast?
- Didn't you have breakfast?
- Didn't you get* my text message?

167 Why didn't you

- Why didn't you tell him / you couldn't do it?
- Why didn't you have dinner* / tonight?

168 Didn't you say you

- Didn't you say you were going to the mall / today?
- Didn't you say you wanted to see the new Tom Hanks movie?

공신 Note   부정 의문문 Didn't you

부정 의문문 Didn't you는 긍정 의문문인 Did you 대비 24.1% 비율로 사용된다. '~했니?'가 아닌 '~하지 않았니?'라고 묻는 부정 의문문에는 놀람 혹은 짜증의 감정이 담겨 있다. 아침을 먹은 누군가가 또 아침을 먹고 있다면 'Didn't you have breakfast?'라고 물을 수 있다. 그렇게 많이 먹을 수 있냐는 놀람 혹은 먹었는데 왜 또 먹는지 궁금해하는 감정이 담겨 있다. '아침 먹었어?'라고 묻는 것과는 완전히 다른 느낌이다.

너는 ~하지 않았니?

★ 책날개로 왼쪽 페이지를 가린 뒤 영어로 말할 수 있으면 체크! 셀로판 필터를 대면 힌트 단어가 사라집니다.

너는 ~하지 않았니?

☐ 일기예보 듣지 않았니?

☐ 아침 먹지 않았니?

☐ 너 내 문자 메시지 받지 않았니? *get 받다, 얻다, 마련하다

왜 너는 ~하지 않았니?

☐ 왜 당신은 그에게 말하지 않았나요 / 그것을 할 수 없다고?

☐ 저녁은 왜 안 먹었어 / 오늘 밤에? *have dinner 식사하다. 정찬을 들다

너는 말하지 않았니?

☐ 너 쇼핑몰에 간다고 하지 않았어 / 오늘?

☐ 당신이 톰 행크스의 신작 영화를 보고 싶다고 말하지 않았습니까?

느낌 빡! 부정 의문문에 대답하는 법

앞서 배운 Don't you 패턴에서처럼 부정 의문문은 답변할 때 주의해야 한다. 'Didn't you have breakfast today?'라고 물으면 'Yes, I did(먹었어).' 아니면 'No, I didn't(안 먹었어).'라고 해야 한다. '오늘 아침 안 먹었지?'란 질문에 우리말로는 '응, 안 먹었어.'라고 한다(Day 36 참고). 이를 그대로 영작해서 'Yes, I didn't.'라고 하면 원어민은 어리둥절할 것이다.

Didn't you hear the weather forecast?

🎧 Dialogue

A Hello Sammie. Where are you off to*?

B It's Saturday, so I'm going to play football / in the park / with my friends.

A Didn't you hear the weather forecast*?

B No, I didn't. Why? What's the problem?

A There's a heavy rainstorm / coming soon.
You shouldn't go outside*.

B What do you mean? It's not raining. I'm sure it'll be okay.

느낌 빡! come은 '오다'가 아니다!

배달 주문한 피자가 와서 빨리 먹으러 오라고 누군가가 불렀대도 'I'm coming.'이라고 말해야 한다. come은 '오다', go는 '가다'라고 외웠지만 실제로 come은 말하는 사람과 듣는 사람 간의 거리가 가까워질 때 쓰고, go는 멀어지는 느낌일 때 쓴다. 우리말로 '가고 있다'고 한다고 해서 'I'm going.'이 아니다. 폭풍우는 '나'에게 가까워지는 쪽으로 이동하기 때문에 coming을 썼다.

일기예보 듣지 않았니?

★ 책날개로 왼쪽 페이지를 가린 뒤 영어로 말할 수 있으면 체크! 셀로판 필터를 대면 힌트 단어가 사라집니다.

☐ A 안녕, 새미. 어디 가니? *be off to ~하러 떠나다

☐ B 토요일이어서 축구를 하려고요 / 공원에서 / 친구들과.

☐ A 일기예보 듣지 않았니? *forecast 예측, 예보, 예측하다

☐ B 아뇨, 못 들었는데요. 왜요? 무슨 문제가 있나요?

☐ A 사나운 폭풍우가 있어 / 곧 닥쳐올. 밖에 나가면 안 돼.

　　　*go outside 밖으로 나가다

☐ B 무슨 말씀이세요? 비가 오고 있지 않잖아요.

　　　나는 분명 괜찮을 거라 확신해요.

5회독 체크표 ▶	1	2	3	4	5

> 66 동기 부여 100% **강성태 어록** ....
>
> "지난 37년간 하루도 빠뜨리지 않고 14시간씩 연습한 나에게 '천재'라니."
> 세계적인 바이올리니스트 파블로 데 사라사테^{Pablo de Sarasate}의 말이다. 사실 우리가 아는
> 천재 대부분이 이렇다.
>
> 99

You'd

Q. '당신이 적임자예요'라는 말을 영어로 하면?

⚡ Pattern

169 You'd

- You'd be perfect / for the lead role.
- You'd be satisfied*.

170 You'd like

- Anything else you'd like to order?
- You can take some food / if you'd like.

171 You'd better

- You'd better report your loss / to the Lost & Found.
- You'd better stop doing that / to avoid* further damage.

느낌 빡! You'd에서 축약된 단어는 뭘까?

You'd 패턴 중 하나는 you'd에서 축약된 단어가 다르다. 어떤 것일까? 나머지는 you would의 축약인데 you'd better는 you had better를 축약한 것이다. you would는 you will을 약하고 공손하게 표현한 것인 반면(Day 14 참고), had better는 '~하는 것이 좋을 것'이라는 강력한 충고다. 이를 will이나 would 같은 조동사로 취급하므로 had better 바로 뒤에는 동사원형을 써주면 된다.

당신은 ~할 것이다

★ 책날개로 왼쪽 페이지를 가린 뒤 영어로 말할 수 있으면 체크! 셀로판 필터를 대면 힌트 단어가 사라집니다.

당신은 ~할 것이다

- ☐ 당신이 딱 어울릴 것 같아요 / 주연으로.
- ☐ 당신은 만족할 거예요.*be satisfied 만족하다, 확신하다

당신은 ~하고 싶다

- ☐ 더 주문하실 건 없으신가요?
- ☐ 음식을 가져가셔도 됩니다 / 원하시면.

당신은 ~하는 것이 좋을 것이다

- ☐ 분실 신고를 하시는 게 좋을 것 같습니다 / 분실물 센터에.
- ☐ 그렇게 하는 것을 그만두는 것이 좋습니다 / 더 이상의 피해를 막으려면.

  *avoid 방지하다, 피하다

느낌 빡! had better

이 표현은 상대방이 무언가를 하지 않으면 안 되는 상황에서 쓴다. 하지만 조심해서 써야 하는데, 안 하면 큰일 난다는, 약간의 협박으로 들릴 수도 있기 때문이다. 그래서 better를 best로 순화시켜 사용하기도 한다. 일상 대화에서는 had를 생략하고 그냥 You better라고 말할 때도 많다. 부정형은 여느 조동사와 마찬가지로 뒤에 not을 붙여 had better not이라고 쓴다.

You'd be perfect

🎤 Dialogue

A Hey Sylvia. I saw your new movie / a few days ago.

B Thanks Jack. I had so much fun / acting in that movie.

A I'm sure you did. Sylvia, I'm going to be directing* a new movie. You'd be perfect / for the lead role.

B Oh really? What's the movie about?

A It's a comedy / about a dreamer / who just moved* / to a new town.

B That sounds interesting. I'd love to be in it!

느낌 빡! 배우가 연기하는 character란 단어는 어디에서 유래했을까?

character는 원래 '글자'라는 뜻이다. 포토샵에서도 character 창은 글자 디자인 메뉴다. 중세에는 죄인의 몸에 murderer(살인자)를 뜻하는 M 또는 thief(도둑)의 T 같은 글자를 새겼다. 이는 점차 개인의 특성, 즉 '성격'으로 사용되었고 더 나아가 각각 특색을 갖고 나오는 '등장인물'도 뜻하게 되었다. 일반적인 '성격'이나 '개성'을 뜻하는 personality와 달리 character는 인품이나 인성의 의미에 더 가깝다.

당신이 딱 어울릴 것 같아요

★ 책날개로 왼쪽 페이지를 가린 뒤 영어로 말할 수 있으면 체크! 셀로판 필터를 대면 힌트 단어가 사라집니다.

☐ A 안녕, 실비아. 당신의 새 영화를 봤어요 / 며칠 전에.

☐ B 고마워요, 잭. 정말 재미있었어요 / 그 영화에서 연기하는 것이.

☐ A 당신이 해낼 거라 확신했어요. 실비아, 나는 새 영화를 감독할 거예요.
　　　당신이 딱 어울릴 것 같아요 / 주연으로. *direct 감독하다, 지휘하다

☐ B 오, 정말이요? 그 영화는 어떤 내용인가요?

☐ A 그것은 코미디예요 / 몽상가에 관한 / 막 이사 온 / 새로운 마을로.
　　　*move 움직이다, 이사하다

☐ B 그거 재미있겠네요. 나도 거기에 출연하고 싶어요!

❝ 동기 부여 100% **강성태 어록** ⋯⋯⋯⋯⋯⋯⋯⋯⋯⋯⋯⋯⋯⋯⋯⋯⋯⋯⋯⋯⋯⋯⋯⋯⋯⋯

버려라. 버리고 버려서 하나만 남기는 것. 그것이 집중이다.

❞

I feel

Q. '동감이야'라는 뜻으로 쓰는 영어 표현은?

⚡ Pattern

172 I feel

- I feel the same way.
- I feel bad / that you can't go / to the game /
  because of work.

173 I feel like

- I feel like I'm on top* / of a mountain.
- I feel like everyone likes me.

174 I feel like -ing

- I feel like throwing up*.
- I feel like staying in / tonight.
- I feel like having a snack.

느낌 빡! 이제 모든 감정을 영어로 말할 수 있다!

feel 뒤에 감정 형용사를 붙여 감정을 표현하면 된다. 'I feel sorry.' 'I feel sad.' 'I feel confused.' 등으로 표현할 수 있다. I feel like에서 like는 '~처럼, ~같이'의 의미로, feel like 는 '~처럼 느껴진다'는 뜻이다. 이처럼 like 뒤에는 명사나 동명사가 온다. 심리학에서 규명한 인간의 감정 형용사를 한 장의 감정맵으로 제작해 부록으로 제공했으니 꼭 잘 보이는 곳에 붙여놓 길 바란다.

나는 ~라고 느낀다

★ 책날개로 왼쪽 페이지를 가린 뒤 영어로 말할 수 있으면 체크! 셀로판 필터를 대면 힌트 단어가 사라집니다.

나는 ~라고 느낀다

- ☐ 동감입니다.
- ☐ 아쉽네요 / 당신이 못 가서 / 경기에 / 일 때문에.

나는 ~처럼 느낀다

- ☐ 마치 꼭대기에 있는 것 같아요 / 산의. *be on top 정상에 있다
- ☐ 모든 사람이 나를 좋아하는 것 같아.

나는 ~하는 것 같은 느낌이다

- ☐ 토할 것 같아요. *throw up 토하다
- ☐ 집에 있고 싶어요 / 오늘 밤에는.
- ☐ 간식을 먹고 싶어요.

느낌 빡! | I feel like vs. I want

I feel like를 써서 원하는 것을 말할 수도 있다. 다만 I want 혹은 I'd like와 뉘앙스는 조금 다르다. feel은 말 그대로 느낌이다. 'I feel like something sweet.'은 '단 게 당긴다'는 의미에 가깝다. want는 정확하고 명확하게 내가 원하는 것을 표현하는 반면 feel like는 느낌을 말한다.

I feel the same way

🎧 Dialogue

A Courtney, what do you think / about the applicant / we interviewed / this morning?

B I think he had a positive attitude / about the job. How about you?

A I feel the same way.

B But there's one thing I'm worried about*.

A What's that?

B He doesn't have much experience / related to the position.

느낌 빡! \ What do you think

대화 중 상대방의 의견을 물을 때, 'How do you think ~'라고 하는 분이 많은데 'What do you think ~'라고 해야 한다. 영어와 한국어 단어는 1:1로 대응하지 않는다. 여기선 상대방의 생각이 무엇인지 묻는 상황이므로 what을 써야 맞다. 영어에서 how는 방법이나 방식을 의미한다. 'How do you think ~'로 물으면 생각하는 방법이나 방식이 뭐냐고 묻는 것이다.

동감이야

★ 책날개로 왼쪽 페이지를 가린 뒤 영어로 말할 수 있으면 체크! 셀로판 필터를 대면 힌트 단어가 사라집니다.

☐ A 코트니, 어떻게 생각해 / 지원자에 관해 / 우리가 인터뷰한 / 오늘
아침에?

☐ B 나는 그가 긍정적인 태도를 보였다고 생각해 / 그 일에 관해.
너는 어때?

☐ A 동감이야.

☐ B 하지만 한 가지 걱정되는 게 있어. *worry about ~에 대해 걱정하다

☐ A 그게 뭔데?

☐ B 그는 경험이 많지 않아 / 그 직위에 관련해서는.

It says/reads/shows

Q. '미니스커트가 다시 유행할 거래'를 영어로 하면?

⚡ Pattern

175 **It says**

- It says miniskirts will be back* / in style**.
- It says it'll take about a week / to be delivered / after I order.

176 **It reads**

- It reads well.
- It reads "Do your best".
- It reads like a song.

177 **It shows**

- It shows various* models.
- It shows how much she loves the children.

느낌 빡! It says

It says는 상당히 자주 접하는 패턴인데 회화책에서는 잘 다루지 않는다. '여기 이렇게 쓰여 있다'는 뜻인데 신기하게도 '말하다'는 의미의 say를 쓴다. 사실 우리말에서도 '이 책에 이렇게 쓰여 있다' 대신 '이 책에서 이렇게 말하고 있다'고 하는 경우가 많다. 책은 물론이고 표지판에서 본 것, 스마트폰으로 검색한 것을 알려 줄 때도 자주 쓰인다. 시계를 보면서 시간을 알려줄 때도 'It says 7 o'clock.'이라고 말할 수 있다.

그것은 말한다/읽힌다/보여준다

★ 책날개로 왼쪽 페이지를 가린 뒤 영어로 말할 수 있으면 체크! 셀로판 필터를 대면 힌트 단어가 사라집니다.

그것은 ~라고 말한다(쓰여 있다)

☐ 미니스커트가 다시 돌아올 거래요 / 유행으로.

☐ 일주일 정도 걸린다고 합니다 / 배송되기까지 / 주문 후.

*be back 돌아와 있다, 돌아오다 **in style 유행되는

그것은 ~라고 읽힌다(쓰여 있다)

☐ 잘 읽힌다.

☐ "최선을 다하라"고 쓰여 있다.

☐ 그것은 노래처럼 읽힌다.

그것은 ~을 보여준다

☐ 그것은 다양한 모델을 보여준다. *various 여러 가지의, 다양한

☐ 그것은 그녀가 얼마나 아이들을 사랑하는지 보여준다.

느낌 빡! It reads는 '읽는다'는 뜻이 아니다!

표지판을 보면서 말할 때 It reads라고 한다면 '그것은 읽는다'는 뜻이 아니다. read는 '읽다'는 뜻이지만 '적혀 있다' 혹은 '읽힌다'는 의미도 된다. 사용 빈도는 It says가 더 높다. 'It says ~'나 'It reads ~'는 글자로 적힌 내용을 전할 때 주로 쓰지만 'It shows ~'는 show의 의미 자체가 '보여준다'는 뜻이기 때문에 보이는 것을 전할 때 쓴다.

It says miniskirts will be back in style

🎤 Dialogue

A What are you reading?

B It's an article / about next year's fashion trends.

A So, what does it say is going to be popular*?

B It says miniskirts will be back / in style.

A Oh, that's good. What else does it say?

B It says that tracksuits* will be even more popular /
among women / than they were this year.

느낌 빡! between vs. among

일반적으로 between은 두 가지 사이를 가리킬 때, among은 셋 이상의 사이를 가리킬 때 쓴다.
웹스터 사전에도 나와 있는 설명이다. between의 어원은 'by + two'로, 발음도 비슷하다. 어원
자체가 둘 사이에 있다는 뜻이다. among은 '여러 개가 모아진 많은 것 중에서'라는 뜻으로, '모
으다'는 뜻의 amass와 발음도 흡사하고 어원 구조도 같다. mass는 '덩어리, 대량의'란 뜻이다.

미니스커트가 다시 유행으로 돌아올 거래요

★책날개로 왼쪽 페이지를 가린 뒤 영어로 말할 수 있으면 체크! 셀로판 필터를 대면 힌트 단어가 사라집니다.

☐ A   지금 뭐 읽고 있어요?

☐ B   기사예요 / 내년 패션 트렌드에 대한.

☐ A   그럼 어떤 것이 인기를 끌 거라고 하나요? *popular 인기 있는, 대중적인

☐ B   미니스커트가 다시 돌아올 거예요 / 유행으로.

☐ A   아, 좋네요. 또 뭐라고 쓰여 있는데요?

☐ B   트레이닝복이 훨씬 더 인기를 끌 것이라고 하네요 / 여성들 사이에서 / 올해보다. *tracksuit 운동복

I won't

Q. '잊어버리지 않을게요'를 영어로 하면?

⚡ Pattern

178 **I won't**

- I won't forget anything / next time.
- I won't do it / again.

179 **I won't be**

- I won't be late / again.
- I won't be happy / without you.

180 **I won't be able to**

- I won't be able / to* join the tour / this time.
- I won't be able / to make it / this week.
- I won't be able / to finish / by the deadline*.

느낌 빡! I won't 패턴

I won't 패턴도 실생활에서는 많이 쓰이지만, 회화책에서 잘 다루지 않는다. I will not의 줄임 말인데 I willn't는 발음이 어렵다 보니 I won't가 되었다. 예문처럼 '다시는 늦지 않을게요' 같 은 표현뿐만 아니라 '이 식당에 다시 오지 않겠다'처럼 '하지 않겠다'는 의지를 나타낼 때 두루 쓰임이 많다. 이 패턴에 익숙하지 않으면 일상 회화나 듣기에서 I want로 잘못 알아듣는 경우가 종종 발생한다.

나는 ~하지 않겠다

★ 책날개로 왼쪽 페이지를 가린 뒤 영어로 말할 수 있으면 체크! 셀로판 필터를 대면 힌트 단어가 사라집니다.

나는 ~하지 않겠다

☐ 아무것도 잊지 않을게요 / 다음에는.

☐ 그렇게 하지 않을게요 / 다시는.

나는 않겠다

☐ 늦지 않을게요 / 다시는.

☐ 난 행복하지 않을 거야 / 너 없이는.

나는 ~할 수 없을 것이다

☐ 없을 것 같아요 / 투어에 참가할 수 / 이번에는. *be able to ~을 할 수 있다

☐ 없을 것 같아요 / 그것을 해낼 수 / 이번 주에는.

☐ 없을 거예요 / 끝낼 수 / 마감 시간까지. *deadline 기한, 마감 시간

느낌 빡! I won't give up

어느새 66일 챌린지의 마지막 패턴이다. 여기까지 포기하지 않고 달려온 여러분이 무한히 자랑스럽다. 여러분은 늘 나의 꿈이자 행복이며 내가 가진 열정의 근원이었다. I won't 패턴이 들어 있는 대표곡 제이슨 므라즈의 〈I Won't Give Up(나는 포기하지 않겠어요)〉을 추천한다. 여러분은 앞으로 어떤 일이든 포기하지 않고 나아갈 수 있다. 나 또한 여러분을 절대 포기하지 않겠다.

I won't forget anything

🎙 Dialogue

A Would you care for some dessert?

B No, thank you. May I have the bill, please?

A Of course. Did you enjoy your meal*?

B For the most part. The coffee wasn't very good, though. I asked for sugar, / but you forgot to bring it.

A Did I? I'm so sorry. We've been very busy today. I won't forget anything next time.

느낌 빡!　bill vs. receipt

bill과 receipt를 혼동하는 분들이 많다. 각각 '청구서'와 '영수증'이란 뜻이다. 헷갈리는 이유가 있다. 보통 한국에선 음식을 다 먹고 나갈 때 결제하고 영수증을 받는다. bill을 주는 경우가 거의 없고 bill을 받아도 실제 치르는 금액과 동일하다. 미국에서는 결제 전 bill을 요청해야 한다. bill 이 오면 가격이 맞는지 확인하고 그 금액에 tip을 추가하여 나갈 때 결제하고 영수증을 받는다.

아무것도 잊지 않을게요

★ 책날개로 왼쪽 페이지를 가린 뒤 영어로 말할 수 있으면 체크! 셀로판 필터를 대면 힌트 단어가 사라집니다.

- ☐ A 디저트를 좀 드시겠습니까?

- ☐ B 아뇨, 괜찮아요. 계산서를 받을 수 있을까요?

- ☐ A 물론입니다. 식사는 맛있게 하셨나요? *enjoy meal 식사를 즐기다

- ☐ B 대부분은요. 커피는 별로였지만요. 설탕을 달라고 했는데, / 깜빡하고
  안 가져오셨네요.

- ☐ A 그랬나요? 정말 죄송합니다. 저희가 오늘 매우 바빴어요. 다음에는
  아무것도 잊지 않을게요.

5회독 체크표 ▶ 1 2 3 4 5

❝ 동기 부여 100% 강성태 어록 ⋯⋯⋯⋯⋯⋯⋯⋯⋯⋯⋯⋯⋯⋯⋯⋯⋯⋯⋯⋯⋯⋯⋯⋯⋯

고맙습니다. 습관 달력의 66칸 중 한 칸을 채운 게 어제 같은데 벌써 작별의 시간이 왔네요. 함께할 수 있어 행복했습니다. 꿈을 향해 가는 과정 어딘가에서 또다시 만나 뵙길 손꼽아 기다리겠습니다. 사랑해요.

⋯⋯⋯⋯⋯⋯⋯⋯⋯⋯⋯⋯⋯⋯⋯⋯⋯⋯⋯⋯⋯⋯⋯⋯⋯⋯⋯⋯⋯⋯⋯⋯⋯⋯⋯⋯⋯⋯ ❞

영어로 '책'은 'book'이 아니다

#정관사 #부정관사

 뭐가 문제야 say something ♪

‘책’이 영어로 뭘까? 엄밀히 말하면 book이 아니다. 원어민이 그냥 book이라고 말하는 경우는 거의 없다. 그 자체로는 머릿속에서만 존재하는 책을 뜻하기 때문이다.

그래서 영어로 책은 ‘a book, books, the book’ 등으로 표현된다. 한 권인지 여러 권인지 아니면 화자와 청자가 모두 아는 바로 그 책인지 등과 같은 정보가 반드시 담긴다. 반면 우리말은 ‘저기에 책이 있다’처럼 굳이 다른 정보를 함께 알려주지 않는다. 그러다 보니 책이 한 권인지 여러 권인지, 너와 내가 아는 그 책인지, 혹은 단지 수많은 책 중에 하나인지 알 수 없다.

 외울 필요 없잖아 Don't worry ♪

영어는 어순 등 규칙을 엄격하게 지키는 언어라고 했다(영문법 #1 참고). 그래서 어떤 명사가 셀 수 있는 것이라면 단수인지 복수인지 명확하게 밝혀준다. 그리고 특정한 대상인지 정해지지 않은 대상인지 등의 구체적 정보도 함께 준다.

이때 사용하는 것이 관사다. 명사 앞에 관사를 붙이는 게 복잡해 보이기는 하지만, 이렇게 구체적으로 표현하기 때문에 정확히 어떤 대상을 말하는지 좀 더 명확하게 파악할 수 있다는 장점도 있다.

관사는 부정관사인 a/an과 정관사인 the로 구분된다. '부정(不定)'은 정해지지 않았다는 뜻이다. 그래서 'a book'이라고 하면 수많은 책 중에 어떤 책인지 정해져 있지 않을 때 쓸 수 있다. 더불어 a/an은 명사가 단수일 때 사용된다. 수사인 'one'과 어원이 같다는 것을 알면 금방 이해될 것이다. one과 an은 발음도 거의 같지 않은가.

반대로 '정'관사는 '정'해져 있다는 뜻이다. 'the book'이라고 하면 말하고 듣는 사람이 알고 있는, 즉 정해진 바로 그 책을 의미한다. 만일 친구가 『강성태 66일 영어회화』란 책을 빌려 갔고, 바로 그 책을 돌려달라고 할 때는 'a book'이 아니라 'the book'이라고 말해야 한다.

- Give me the book. (나도 알고 너도 아는 바로) 그 책 좀 줘.
- Give me a book. (아무거나) 책 한 권 좀 줘.
- Give me the books. (나도 알고 너도 아는 바로) 그 책들 좀 줘.
- Give me books. (아무거나) 책 여러 권 좀 줘.

66일 영어회화 습관 달력

나의 목표 습관은 강성태 66일 영어회화 5회독 이다.

01	02	03	04	05	06	07	08	09	10	11

12	13	14	15	16	17	18	19	20	21	22

습관화 시작 Beginning

23	24	25	26	27	28	29	30	31	32	33

34	35	36	37	38	39	40	41	42	43	44

조금만 더! Struggle

45	46	47	48	49	50	51	52	53	54	55

56	57	58	59	60	61	62	63	64	65	66

습관 완성 Victory

66일 영어회화 습관 달력

나의 목표 습관은 _____ 이다.

01	02	03	04	05	06	07	08	09	10	11

12	13	14	15	16	17	18	19	20	21	22

습관화 시작 Beginning

23	24	25	26	27	28	29	30	31	32	33

34	35	36	37	38	39	40	41	42	43	44

조금만 더! Struggle

45	46	47	48	49	50	51	52	53	54	55

56	57	58	59	60	61	62	63	64	65	66

습관 완성 Victory

영어 강의와 원어민 1:1 회화 학습기로
영어 학습을 효율적으로!

<공신닷컴 대표강좌>

1. 영어회화(강성태 66일 영어회화)

영어 **대화문의 99%**에 해당하는 **패턴** 1위부터 60위까지
최초로 **습관에 최적화된 영어회화** 강의

2. 영단어(강성태 영단어 어원편)

단 **33개 어원**으로 **14,000개 단어 습득**이 가능한 암기법
333개 어원으로 토익/토플/공무원시험 적용 가능!

3. 영문법(강성태 영문법 필수편)

회화, 듣기, 독해, 필수 **영문법만 엄선!**
외우지 않고 **이해**하는 재밌는 영문법

4. 영어독해(강성태 영어독해 속독편)

시험에 나오는 **지문구조**는 단 **10가지뿐**
검증된 **속독기술**을 영어독해에 완벽적용

5. 공부법(두뇌 100% 활용하는 법)

암기법, 집중하는법, 필기법, 계획 짜는 법, 목표 세우는 법 등
듣자마자 **바로 성과**가 나타나는 공부의 요령

<원어민 1:1 영어회화> 학습기 이용 방법

1. 공부한 내용으로 원어민과 1:1 대화하는 인터페이스
2. 말하지 못한 표현만 별도 저장돼 집중적인 학습 가능
3. 단순한 조작법으로 모바일 및 자투리 시간에도 복습 가능
4. 강성태 66일 영어회화의 모든 표현 훈련 가능

영단어
학습기
이용 방법

• 공신닷컴(gongsin.com) 접속
• 우측 상단 학습지원 센터 클릭
• 강성태 66일 영어회화 학습기 이용

★ 역대 최다 **12가지 고효율 학습 자료** ★

01
강성태 공신의
영어회화 직강

02
외우지 않아도 되는
영어회화
필수 영문법 강의

03
공신닷컴 영어 공부법
강좌 무료 쿠폰

04
랜덤 테스트가 가능한
원어민 MP3

05
한국어 → 영어 스피킹
훈련용 한국어 MP3

06
역대 수능 듣기평가
MP3 및 문제 모음

07
원어민 1:1
영어회화 학습기

08
곳곳에 붙여두면
자동으로 외워지는
회화맵

09
회화에 쓰이는 거의 모든
감정 표현을 망라한
감정맵

10
66일 공부법
실천을 위한
66일 습관 달력

11
셀로판 필터/
책날개 가리개

12
복습용 미니북

책에 딸려 있지 않은 자료는 책에 포함된 QR코드를 스캔하거나
공신닷컴(www.gongsin.com)에 접속하여 무료로 내려받을 수 있습니다.
[문의: 공신닷컴 고객센터 〉 수강문의게시판(www.gongsin.com/customer)]

강성태 66일 영어회화
당신의 영어가 습관이 되기에 충분한 시간

초판 1쇄 발행 2021년 12월 24일
초판 20쇄 발행 2024년 3월 1일

지은이 강성태
펴낸이 김선식

부사장 김은영
콘텐츠사업2본부장 박현미
책임편집 차혜린 **디자인** 마가림 **책임마케터** 문서희
콘텐츠사업5팀장 김현아 **콘텐츠사업5팀** 마가림, 남궁은, 최현지, 여소연
마케팅본부장 권장규 **마케팅1팀** 최혜령, 오서영, 문서희 **채널1팀** 박태준
미디어홍보본부장 정명찬 **브랜드관리팀** 안지혜, 오수미, 김은지, 이소영
뉴미디어팀 김민정, 이지은, 홍수경, 서가을, 문윤정, 이예주
크리에이티브팀 임유나, 박지수, 변승주, 김화정, 장세진, 박장미, 박주현
지식교양팀 이수인, 염아라, 석찬미, 김혜원, 백지은
편집관리팀 조세현, 김호주, 백설희 **저작권팀** 한승빈, 이슬, 윤제희
재무관리팀 하미선, 윤이경, 김재경, 이보람, 임혜정
인사총무팀 강미숙, 지석배, 김혜진, 황종원
제작관리팀 이소현, 김소영, 김진경, 최완규, 이지우, 박예찬
물류관리팀 김형기, 김선민, 주정훈, 김선진, 한유현, 전태연, 양문현, 이민운
감수자 크리스 존슨, 서미소랑 **외주스태프** 교정교열 포링고 음원 녹음 및 편집 와이알미디어

펴낸곳 다산북스 **출판등록** 2005년 12월 23일 제313-2005-00277호
주소 경기도 파주시 회동길 490 다산북스 파주사옥
전화 02-704-1724 **팩스** 02-703-2219 **이메일** dasanbooks@dasanbooks.com
홈페이지 www.dasan.group **블로그** blog.naver.com/dasan_books
종이 ㈜IPP **인쇄** 민언프린텍 **제본** 국일문화 **코팅·후가공** 제이오엘앤피

ISBN 979-11-306-7900-6 (13740)

다산북스(DASANBOOKS)는 독자 여러분의 책에 관한 아이디어와 원고 투고를 기쁜 마음으로 기다리고 있습니다. 책 출간을 원하는 아이디어가 있으신 분은 다산북스 홈페이지 '투고원고'란으로 간단한 개요와 취지, 연락처 등을 보내주세요. 머뭇거리지 말고 문을 두드리세요.